L'EXTASE ET L'ERRANCE

CLAUDE VIGÉE

L'EXTASE
ET
L'ERRANCE

Essai

BERNARD GRASSET

PARIS

*Pour Evy,
complice de toujours :
dans l'extase
comme dans l'errance.*

Maître de philosophie : — Vous ne voulez que de
la prose ?

Monsieur Jourdain : — Non, je ne veux ni prose
ni vers.

Maître de philosophie : — Il faut bien que ce soit
l'un ou l'autre.

Monsieur Jourdain : — Pourquoi ?

Maître de philosophie : — Par la raison, Monsieur, qu'il n'y a pour s'exprimer que la prose ou
les vers.

Monsieur Jourdain : — Il n'y a que la prose ou les
vers ?

Maître de philosophie : — Non, Monsieur : tout
ce qui n'est point prose est vers ; et tout ce qui
n'est point vers est prose.

MOLIÈRE, *Le Bourgeois Gentilhomme*, acte II, 4.

Monsieur Jourdain : — Tout ce qui est prose
n'est point vers ; et tout ce qui n'est point vers,
n'est point prose. Heu, voilà ce que c'est d'étu-
dier.

Id., acte III, 3.

Chantez au Nom un chant nouveau !

ISAÏE, XLII, 10.

I

Depuis l'époque déjà lointaine de *l'Eté indien,*
écrit entre 1954 et 1957, je suis resté fidèle à une
structure littéraire assez particulière : un volet
de poèmes — un volet de proses. Que signifie
pour moi ce voisinage familier, cette alternance
que l'on retrouve dans la plupart de mes livres
d'inspiration personnelle ? Plutôt que de justifier ma conception par l'intermédiaire d'idées
abstraites, je préfère évoquer d'abord une image
de *Délivrance du Souffle,* qui apparaît dans le
texte intitulé « Le miel dans le rocher ». Ce titre
est lui-même emprunté au Deutéronome,
chap. XXXII : « Il lui donne à sucer le miel du
rocher. »

Quelques explications d'ordre géologique
s'imposent ici. La ville de Jérusalem est située à
environ 900 mètres d'altitude ; elle s'étend sur
les faîtes des collines qui font face au mont des
Oliviers et au mont Scopus. La montagne qui la
porte est une masse gigantesque de calcaire rose,
gris et doré. Quand on vient de Tel-Aviv et qu'on

l'aperçoit de loin, en bas, dans la vallée, en s'élevant peu à peu vers elle, ou lorsqu'on s'en approche depuis la dépression abrupte de la mer Morte, en montant à l'Orient depuis Jéricho, la ville ressemble à une couronne de pierre lumineuse érigée dans les hauteurs.

Ceux qui la connaissent bien, pour avoir assisté à sa reconstruction actuelle, savent que les architectes, les maçons, les poseurs de dynamite qui font sauter la pierre vierge des fondations nouvelles, découvrent souvent dans la roche fracturée des blocs de cristaux semblables à du quartz teinté de jaune. Ce sont de gros noyaux inégaux, couleur de topaze, pareils à des soleils éclatés, entourés de flèches rayonnantes : « Des rayons de miel sont enfouis dans la montagne de Jérusalem, comme les paroles logées muettes dans l'épaisseur d'un livre. Les royaumes jumeaux subsistent, parce qu'ils obéissent à la loi de l'interférence. » Deux domaines coexistent ici : celui du calcaire, profond, homogène, uniforme, rose et doré comme la chair, lorsqu'il est exposé à la lumière du jour, mais dans sa profondeur cachée il est fait de ténèbres. Au cœur de cette immense étoile indifférenciée se nichent, dans leurs géodes lourdes de cristal, les couronnes solaires de calcite. « Il y a interaction ordonnée entre ces noyaux pulsants de semence [...] et le grain fin de la pierre nocturne du monde. » Les deux éléments constituants se trouvent en état de tension dans la matrice gravide de la montagne-mère.

12

Sous l'enveloppe de la roche calcaire, brillent, au fond des orbites, dans le crâne obscur de la terre, les prunelles de calcite translucides. « Pareil à l'œil stratifié du cyclope, avec ses cristaux taillés en facettes, ici le temps connaît un ordre libre et dispersé. L'unité d'une structure vivante imite celle, également cadencée, des amants. L'alternance assure à la fois l'éclat indépendant des foyers ensevelis dans le lit rocheux, et leur résorption dans les intervalles profonds de la roche vierge du monde. Eclipse, hiatus du feu cristallin, la substance ignée ne se dissout pas, elle ondule et respire dans la matière diasporique la plus obscure : feu qui dure, sans toujours être vu, ni su. Permanence énigmatique, acquise et assurée par le jeu de la rupture. Production de l'œuvre (de l'espace traversé de temps humain), soumise à la règle de l'intermittence : étincelle — nuit — embryon — mer amniotique — placenta — éruption et naissance. Exil et retour se ponctuent, s'engendrent dans un univers complice » (pp. 129-130).

Ainsi se répondent le poème et la prose ; tel est le rêve que je poursuis quand j'écris ces livres toujours en mouvement où la dualité serait le moteur même de l'unité initiale et future.

Poète, j'ai longtemps souhaité rejoindre et émouvoir les autres en cette zone cachée de leur être où se situe le Lieu Séparé. A travers les songes, l'errance, les souvenirs, les perceptions concrètes du monde, les désirs d'objets, j'ai seulement voulu atteindre et rappeler en eux, en le touchant, ou en le désignant de loin, ce qui est séparé. Au moyen de la parole rythmée, qui galvanise notre pensée avec la vie dansante du corps, je me suis fait le secrétaire du Lieu Séparé — le *mazkir-hakodesh* —, celui qui, éveillant en autrui sa lointaine mémoire, lui en permet à son tour l'approche, et l'érige en secret — vers QUI ?

Gaston Bachelard souligne dans *la Dialectique de la durée* (PUF, 1950) : « L'énergie vibratoire est *l'énergie d'existence* [...] Le temps primitif est le temps vibré [...] Il faut attribuer au temps une dualité foncière puisque la dualité, inhérente à la vibration, est son attribut opérant » (pp. 31-32). Ces remarques s'appliquent également à la matière du langage, à l'écriture saisie dans sa généralité. Méditons dans ce contexte un autre passage clé de son ouvrage : « Un processus homogène n'est jamais évolutif. Seule, une pluralité peut durer, peut évoluer, peut devenir. Et le devenir d'une pluralité est polymorphe comme le devenir d'une mélodie est... polyphone... On se rend compte alors que la continuité est essentiellement dialectique, qu'elle résulte d'une conciliation des contraires et que, temporellement, elle est faite de rejet, de report sur l'avenir ou du reflux sur le passé » (*ibid.*, pp. 123-125).

A l'époque de *l'Été indien*, j'habitais la

Nouvelle-Angleterre. J'y correspondais avec Emilie Noulet, critique éminente de Mallarmé et de Valéry ; c'était une femme d'un abord sympathique, douée d'un excellent jugement, qui s'appuyait sur une vaste culture littéraire. Je lui demandai son avis sur le rapprochement projeté des poèmes et des proses de *l'Été indien*. Elle me répondit sur-le-champ en me déconseillant la publication d'un livre où se côtoieraient des poèmes et un Journal. Pour m'en dissuader, elle invoqua de nombreux arguments empruntés à la tradition de l'école de Mallarmé. « La poésie, m'écrivit-elle le 1ᵉʳ mai 1956, doit exister dans l'absolu. » En effet, rien de moins mallarméen que mon projet : ce maître distingue, purifie, arrache à la matière opaque les soleils souterrains, extrait de leur gangue les rayons de miel cachés dans l'épaisseur du rocher. L'image que propose le verset mosaïque : « Il te donne à sucer le miel du rocher », naquit sans doute de l'expérience millénaire des montagnards du haut pays de Canaan. Je n'ai pas suivi les conseils d'Emilie Noulet : ce qui la vexa quelque peu, et interrompit notre correspondance pendant nombre d'années. *L'Été indien* parut avec ses deux volets, poèmes et proses de Journal, juxtaposés dans le même volume, et se répondant l'un à l'autre à travers mon ouvrage.

La parole dite, puis écrite, la parole moulue dans le gosier d'un homme singulier, vient du souffle qui se renouvelle avec lui à chaque instant. Il n'existe pas de « langue vivante » sur le papier : elle ne le devient que dans ma gorge. Là elle est moulue comme le grain de blé en farine de vie — « sans farine, pas de Tora », dit le Traité des Pères —, changée comme un bon pain en parole mangeable par les autres hommes. Dans ce mouvement circulaire, ceux-ci retrouvent à la fois le flamboiement de l'épi lourd du froment, l'obscurité de la terre, et la nourriture invisible mais pourtant bien réelle de l'esprit vivant, du souffle qui permet à d'autres existences de persévérer dans l'être, et d'accéder pour leur part au monde en devenir.

En hébreu, langue étonnante, trois racines-consonnes structurent deux mots qui se ressemblent, mais désignent des objets au premier abord sans lien appréciable. L'un, « *gorén* », signifie le grenier, l'aire de battage d'une grange, l'autre, « *garôn* », le gosier humain. On sait que le temple de Jérusalem a été construit par Salomon sur l'aire de battage du Jébuséen Arauna, que son père le roi David avait achetée au Cananéen pour cinquante sicles d'argent (II Samuel XXIV, 24). Là-dessus fut édifié le Saint des Saints, précédé du sanctuaire et des parvis. L'aire d'Arauna se trouvait, semble-t-il, dans une grotte naturelle, située sur le mont Moriah. De longs siècles auparavant, c'est en ce lieu qu'Abraham avait offert en sacrifice son fils Isaac, lié sur le bûcher.

Les voyelles hébraïques ne sont pas écrites en toutes lettres : lues, prononcées, psalmodiées, chantées, elles doivent toujours être improvisées, réinventées par le locuteur. La partie vocalisée du langage demeure invisible ; elle est de nature purement temporelle, telle une musique vivante qui exige l'incarnation *hic et nunc* pour vraiment avoir lieu dans le monde matériel. Seule cette voyelle absente, occultée entre les signes consonantiques de l'hébreu écrit, promeut et enfante véritablement la parole humaine. Aussi l'appelle-t-on « *Tenou'ah* » (mouvement), ou « *Èm Keriah* », (la mère de la lecture). On ne peut donc commencer l'étude de l'hébreu à partir de la seule lecture muette, comme c'est le cas pour les langues romanes, par exemple. Afin de lire l'hébreu, il faut d'abord le savoir par cœur, et le parler, ce qui n'en facilite guère l'acquisition à l'âge adulte...

« L'Écriture hébraïque, souligne dans cette perspective Dov Hercenberg, [...] se limite aux consonnes. Elle apparaît ainsi comme une structure visuelle dont la fonction est de *provoquer* la parole. Techniquement, cette écriture est faite de telle sorte que c'est la parole — la voyelle invisible — qui donne sens à l'image — la consonne — et la justifie. A qui ne sait pas quelle voix insuffler aux signes écrits, le texte hébreu se ferme. L'image est destinée à la parole. Et c'est la parole qui valide l'image. » Au contraire, « dans la spatialité de l'image pure, c'est l'autorité, l'irrévocable, la non-réciprocité dialogale qui font qu'elle ne peut être qu'un support, une référence. C'est-à-dire à la fois tout et rien, si elle n'est pas destinée à instituer la parole, un dialogue entre celui qui détient le pouvoir d'apparaître et celui qui le subit. » De cette manière-là, précisément, toutes les Babels antiques et contemporaines ont cherché « à s'imposer par l'espace (visuel), en faisant l'économie de la parole, de la dimension qui témoigne de l'humanité du monde — d'un monde habité par une intention, non de pouvoir, mais d'attention réciproque entre les êtres ».

On ne saurait mieux exposer la différence entre la conception juive de la communication orale, ouverte dans les deux sens, et celle qui prévaut actuellement encore, dans l'audio-visuel tout-puissant en Occident : il est « l'art d'une fascination visuelle non dialogale », destiné à murer autrui dans son silence. Regarde, tais-toi et subis !

Constitués par les lettres-consonnes *guimel, resh, noun,* les mots hébreux « GoRéN » et « GaRoN » sont presque identiques, à part le *Vav* vocalisé de ce dernier terme. Le système des points-voyelles est d'invention très tardive : il s'est imposé au IXe siècle de l'ère chrétienne, quand la tradition vocalique orale risqua de se perdre dans les pays de la Diaspora. Ainsi, l'aire de battage (le lieu où le blé sort de la paille et devient disponible pour l'ouvrage du meunier, du boulanger), la gorge où naît la parole humaine, sont deux choses semblables, sinon identiques, si l'on considère les racines-consonnes qui structurent, comme un squelette, le vocabulaire hébreu.

L'aire de battage, le grenier d'Arauna, c'est pour moi la prose du livre idéal dont je rêve : le temps de l'engrangement des expériences brutes et des pensées sauvages, glanées au hasard des années d'existence, le temps ennuyeux du travail, de la souffrance, de l'attente, des échecs mortifiants, le temps de l'action dont procède l'œuvre, comme le grain de la paille foulée ou battue au fléau : le temps pénible de l'effort consacré à l'entreprise étendue à travers tant de saisons, qui se projette contre l'horizon final de la mort.

On peut encore voir aujourd'hui près d'Anatoth en Judée les paysans bédouins marcher dans l'aire clôturée pour fouler la récolte. Ils tournent en rond pendant de longues heures derrière leur âne brun et gris, qui piétine docilement les gerbes d'épis mûrs. Dans ma vision des choses, cette activité redondante correspond au labeur forcé de l'ouvrier anonyme, au cours monotone de l'expérience humaine première. C'est le temps subi dans la succession des choses, ce que Spinoza nommait le « pâtir ». Dans cette durée élémentaire, prosaïque et quotidienne, est engendrée passivement l'histoire, avant qu'elle ne se produise elle-même dans la pleine clarté de la conscience : « O mon peuple, qui as été battu comme du grain dans mon aire ! » (Isaïe XXI, 10). L'expression qui désigne l'histoire en hébreu, c'est « *divréi-hayamim* » : les « paroles des jours », la prose narrative horizontale par opposition à la poésie, « shirah », qui est l'exaltation verticale du chant [1].

« Paroles des jours » : deux livres historiques de la Bible, désignés en français par « Chroniques », portent ce titre dans leur version originale. L'histoire racontée, le récit des événements majeurs de l'humanité et de l'ethnie d'Israël, ce ne sont pas seulement « les mots des jours », mais aussi « les choses des jours » et « les actions des jours », puisqu'un même vocable hébreu embrasse les mots, les objets, et les actes des hommes, qui lient paroles et choses « au fond de l'inconnu » pour faire advenir du nouveau, inventer la suite de l'histoire sainte...

Dans l'édition des Massorètes, ce sont justement ces deux livres des Chroniques qui achèvent la somme de la Bible hébraïque. Celle-ci

----

1. Dans le monde à venir, la *shirah* féminine se muera entièrement en *shir*, ou chant. La poésie en puissance dans le cœur humain deviendra un hymne viril, épanoui dans l'espace extérieur du monde racheté. La parole accomplie s'exaltera dans un poème en acte. Dans le mot *shir* on discerne également les termes *yashir* (direct, immédiat dans la durée) ; *yashar* (droit, empreint de rectitude, vertical) ; et *shar* qui évoque la notion de perspective, de vision à distance, l'art de scruter des prophètes.

commence, comme chacun sait, par les mots *Bereshit bara Elohim*, « dans les prémices créa Elohim » ; l'initiale du premier livre des Chroniques nomme « Adam », père des humains ; et Chroniques II scelle le corpus biblique avec l'injonction messianique de Cyrus, roi de Perse : « YHWH... m'a commandé de lui bâtir une maison à Jérusalem en Juda. Qui d'entre vous est de son peuple, que YHWH son Dieu soit avec lui, et *qu'il monte* ! » (XXXVI, 23).

« Dans les prémices Dieu créa... Adam... qu'il monte ! » La Bible hébraïque va donc de la création du monde, à travers la nomination de l'homme, jusqu'à l'ordre d'ascension ultime à Jérusalem : entre ces points de suspension se déroule toute l'histoire humaine, parallèle au mouvement du texte inspiré[1].

Sous la pression des temps et des actes, se concentrent puis se cristallisent peu à peu, selon leurs conjonctures secrètes, ces soleils souterrains que l'on trouve enfouis dans la masse calcaire de la montagne de Jérusalem. Pour reprendre l'image biblique, sur cette aire temporelle où

1. Dans un colloque tenu à Paris en 1981, Emmanuel Levinas n'a-t-il pas envisagé l'Israël historique — celui qui évolue de manière continue dans le temps humain — « comme déroulement de l'être de Dieu » — ce « Nom dont le lieu a pour nom Israël » ?

s'effectue, comme au cours du battage du blé, la répétition des paroles et des actes de tous les jours, le grain se dégage peu à peu de la paille. Mais il ne s'en sépare que parce qu'ils étaient d'abord collés ensemble, lorsque le grain de semence logeait dans le tissu de la plante maternelle d'où jaillit l'épi. Grâce au travail humain — notre obstination de fourmis, notre endurance douloureuse, notre subissement patient des morsures du temps —, se prépare la décantation qui commence par un sursaut de violence sur l'aire de battage, et s'achève en beauté dans la grange, où le semeur de l'Évangile « rassemble son froment, la pelle dans la main ». De même, c'est en faisant aujourd'hui sauter à la dynamite les épaisseurs calcaires de la montagne judéenne, que les bâtisseurs de la ville nouvelle dégagent ces étoiles de miel aux clartés rayonnantes, qui y furent amoureusement couvées en secret, longtemps cachées, pour mûrir, à leurs vraies places, dans la nuit froide et sainte de la pierre silencieuse.

Mais la masse entière du monde, la réalité incommensurable de la colline de Sion *et* du mont Moriah, de la Loi *et* de la Charité, c'est à la fois le calcaire indifférencié — le lieu féminin de la répétition, semblable à la mer mouvante du blé debout dans le champ avant la moisson, avant le battage dans l'aire, avant l'exode soudain du grain nourricier — et les grains de cristal solaire eux-mêmes : les poèmes, ces éclats de lumière mâle enfouis, comme le soleil sous la mer, dans la matrice obscure de la montagne. Ainsi le Lyncée de Plotin, plus clairvoyant encore que celui de Goethe, « voyait même ce qu'il y a à l'intérieur de la terre » !

Dans le grain de blé est concentrée toute la force de propulsion de la Création vers l'avenir, c'est le moment où « le père est dans le fils, le fils avec le père », où YHWH modèle de sa propre main les deux premières tables des Dix Paroles et les donne à Moïse à la fois taillées et « écrites du doigt d'Elohim » : « Et les deux tables sont façon d'Elohim, et l'écriture, c'est l'écrit d'Elohim, gravé sur les tables » (Ex. XXXII, 16). Cristal caché du jour futur, perle fine, graine de moutarde infime, levain dans la farine, sel de la terre, trésor trouvé dans le champ — le grain de blé n'est pas seulement ce qui nourrit les humains et leur permet d'engendrer d'autres générations, de produire toutes les *toldoth*, les vagues des naissances nouvelles. Eclat subsistant des premières tables « brisées sous la montagne » par Moïse, quand il voit Israël en liesse dansant autour du Veau d'or, le grain de blé existe aussi en soi, émerge à la lumière pour lui-même, ce qui permettra, malgré toutes les trahisons, l'éclosion d'autres époques, de jeunes moissons, des nouvelles naissances.

Dans le grain de semence : là se situe pour moi le lieu du poème. Je parais maintenant le distinguer de la paille, comme le cristal de calcite de sa gangue calcaire, « cette masse granuleuse sans forme dominante » qu'évoque E. Levinas en citant Claude Bernard. Ma réponse est à la fois oui et non. Le miel dans le rocher ne procède pas du rocher, et le rocher n'est pas fait de miel. Mais le miel gîte dans le roc : il y a entre eux une alliance qui dure depuis l'origine des temps. Les noyaux de calcite, soleils souterrains, explosantes fixes, immobilisées dans l'énorme chape calcaire, ne s'identifient plus à celle-ci : cependant, ils s'y logent à l'étroit dans une extrême intimité, comme le fœtus lové dans son placenta primordial au sein de la matrice qui l'enfantera.

Selon les géologues, sous la chaleur et la pression énormes qui régnaient à l'époque où le monde primitif était en gestation, la roche-mère en fusion s'est différenciée. Le chaos originel a engendré, d'un côté, les cristaux translucides, et de l'autre la matière amorphe enfouie dans les flancs de la montagne en gésine. Certains textes antiques évoquent celle-ci comme un sein maternel soulevé vers le ciel. Les collines de Jérusalem sont à la fois ces mamelles de la terre en travail d'enfantement, et les libres béliers bondissants dans la lumière de l'aurore :

« Qu'avez-vous, montagnes, pour sauter comme des
[béliers,
et vous, collines, comme des agneaux ? »

[Ps 114,6.

Ces deux aspects de la Création se répondent. Ils se font face, comme le double chœur au protagoniste dans le théâtre antique. Ils ne sont ni tout à fait autres, ni totalement semblables. C'est pourquoi je les distingue tout en les accolant dans la plupart de mes livres, comme deux époux se donnent la réplique. Evitant de mêler, en général, les poèmes à la prose, je les place dialogalement en vis-à-vis, tels les volets d'un diptyque, dont l'un éveillerait toujours, avec sa parole propre, le souvenir de l'autre. Pour qu'on ne méprise rien dans le monde créé. « Ce n'est pas bien pour l'homme d'être seul. Je lui ferai une aide, la face contre lui » (Gen. II, 18). Il y a dans le poème une concentration d'énergie presque masculine ; intérieurement soumis au mètre, il est aiguisé, virilisé, « circoncis » formellement, par les limites prosodiques strictes que lui impose sa mesure innée.

Ce cristal doré, ce grain de blé orienté vers la fécondité future du monde, doigt pointé dans le temps jusqu'au Messie à venir, qui va engendrer rythmiquement d'autres semences et d'autres plantes vivantes, sustenter par ses cadences précises de nouvelles générations végétales ou humaines, ne doit être ni dissous ni oublié dans le magma primordial. Le poème ne cesse pas

25

d'émerger d'un langage maternel inchoatif, réversible et non orienté. Nous ne vivons plus au sein de ce dernier.

Il y eut pour nous une ère d'immersion dans l'indifférencié, avant la création de ce monde, avant notre naissance individuelle ; mais cela n'est plus notre affaire à présent.

Le Cantique des Cantiques compare le nombril de la bien-aimée à « un bassin de lune où le vin clair ne manquera pas » (VII, 3, trad. Henri Meschonnic). Ce ventre nocturne qui porte l'embryon mâle de l'astre qui s'accroît, comme la roche enclôt le miel nouveau, ou la prose le poème naissant, se renouvelle avec lui au rythme de chaque lunaison. Mois et novation sont deux termes presque identiques en hébreu. « Mon ami reposera la nuit entre mes seins », s'écrie la Sulamite (Cant. I, 13) : depuis la Genèse, nous œuvrons en complices de Dieu à la création du monde, qui est toujours en devenir avec nous. Certes, en lui pèse la masse du Quoi — en hébreu : *Math* ; mais il y a aussi et surtout la question du « Qui », l'identité de la personne qui parle : *Mi ?* L'interprétation araméenne canonique de la Genèse, due à Onqelos, traduit « l'âme vivante » d'Adam, après l'insufflation du respir divin, par « *le souffle qui parle* ». Il est nécessaire de discerner l'essence particulière du Quoi muet et du Qui parlant, mais on ne peut pas les séparer complètement.

Selon le *Zohar*, les « couronnes » secondaires et les sphères de la manifestation finie sont à la réalité divine infinie « ce que la flamme est à la braise. Il n'y a nulle séparation entre elles ». Il ne faut pas divorcer radicalement le masculin du féminin, précisément parce qu'ils sont déjà devenus autonomes, chacun se posant avec lourdeur et opacité en rival face à l'autre. Si je refuse en esprit d'arracher le grain du « Qui » à la plante-mère anonyme du blé, le sperme à la cavité utérine ou le poème à sa matrice de prose, c'est à cause de leur différence même.

Par ailleurs, celui qui essaie de les confondre commet un autre attentat contre le réel en gestation : il fait revenir le monde actuel, dont nous avons la charge, au tohu-bohu antérieur à notre création ; il détruit donc le monde, lui aussi. Nous devons distinguer, pour les rapprocher, deux phénomènes à la fois voisins et différents, mais sans trop insister dans un sens ni dans l'autre. Comme d'abord face à la terre étrangère et nocturne, « avec le feu tu n'as que des rapports lointains... »

R.M. Rilke écrivait au jeune poète Franz X. Kappus : « Qu'elle soit de la chair ou de l'esprit, la fécondité est "une" : car l'œuvre de l'esprit procède de l'œuvre de chair et partage sa nature. Elle n'est que la reproduction en quelque sorte plus mystérieuse, plus pleine d'extase, plus "éternelle" de l'œuvre charnelle [...] L'homme, me semble-t-il, est aussi maternité, au physique et au moral ; engendrer est pour lui une manière d'enfanter, et c'est réellement "enfanter" que de créer de sa plus intime solitude. Les sexes sont peut-être plus parents qu'on ne le croit ; et le grand renouvellement du monde tiendra sans doute en ceci : l'homme et la femme, [...] ne se rechercheront plus comme des contraires, mais comme des frères et sœurs, comme des proches. Ils uniront leur humanité pour supporter ensemble, gravement, patiemment, le poids de la chair difficile qui leur a été donné. »

Bien plus tard, nous retrouverons ce thème majeur dans un sonnet extrait de l'œuvre posthume :

« Distille-nous le charme où les confins s'effacent,
esprit toujours dans la flamme ployé !
... N'aie de cesse qu'enfin ne fonde la lisière
des sexes qui s'épuisent follement en lutte. »

Le feu, c'est le cristal à la forme achevée porté dans le flanc de la roche amorphe, le miel caché dans le rocher, le grain de blé encore niché dans l'enveloppe de paille sèche amassée sous les pieds du foulon dans l'aire de battage, le cri premier du poème qui déjà s'articule au fond de la gorge, porté sur les lèvres dans l'espace extérieur, vers l'oreille géante de l'écoute universelle, par la langue vivante de l'homme. Rapports prudents, distants, nécessaires. L'approche du feu ne doit pas être trop brusque, car la violence entraînerait l'incendie et la destruction du monde. La fusion symbiotique dans le cœur du brasier ne laisse qu'un héritage de cendres.

Peut-être les deux éléments, — miel cristallin et rocher matriciel — pourraient-ils se mirer l'un dans l'autre ? Mais tout excès contemplatif provoquerait la rupture du lien conjugal. Il le remplacerait par une relation d'esthètes purement spéculaire : un être réel serait alors confronté à son image, son fantasme dans le miroir.

A mes yeux la masse calcaire de la montagne de Jérusalem ne constitue pas à elle seule la *vraie chose*, la substance-reine du cosmos, dont les noyaux de calcite souterrains, chargés de lumière occulte, ne seraient que le symbole diminué ou l'écho. Les deux sont également réels pour moi, l'un constitue le fidèle répondant de l'autre dans ma prise de conscience alternée de leur commune présence. Ils montrent ensemble le pouvoir de ce qui a été lancé dans la Création majeure par la parole de Dieu, et dans la création mineure par la parole du poète. Les conjuguant comme les deux luminaires célestes au second jour de la Genèse, j'essaie de les faire résonner à travers les consciences amies par le détour des syllabes, des périodes, des mouvements de mon livre.

Parfois les textes en prose, plus explicites, laissent comprendre au lecteur attentif comment tel poème est né. Ils livrent une expérience parallèle, un ensemble d'images vues, d'événements vécus ou rêvés, d'anecdoctes, « *divréi-ha-yamim* » — les mots des jours et des choses qui agissent, qui arrivent. En leur sein *se cristallisent* les fragments thématiques du poème, à partir de l'élément psychique encore protéiforme, dont les propriétés structurelles implicites et la plasticité permettent une articulation plus libre, plus fluide et plus insouciante. Le poème, lui, est déjà replié, concentré sur lui-même, face à l'informe présence du monde ambiant, à laquelle il réagit : « Soucieux est notre lien avec le cœur noir de la terre ! » Soucieux : parce que tout est déjà comme ramassé dans le poème ; c'est le *Kavod*, le moment lourd et glorieux du passage à l'avenir inouï, à la génération suivante de toute vie.

Désormais il n'est plus temps de plaisanter. L'enjeu soudain est trop grave pour qu'on ose encore une fois se tromper de chemin, répéter, reculer, recommencer sans angoisse l'expérience prosaïque des jours et des choses innombrables de la terre. A l'instant précis du poème, il ne faut pas que l'archer distrait transgresse, et tire à côté de la cible unique [1]. Il affronte sans péché le lieu fixe, le moment irréversible de l'acte accompli dont on demeure responsable *sub specie aeternitatis*.

1. En hébreu, transgresser, pécher, signifie littéralement : « manquer la cible », viser à côté du vrai but.

L'autre visage du livre (son volet de prose), c'est celui de l'univers en gestation, du mouvement fluvial lent et libre dans un temps moins aimanté, à peine orienté vers l'avenir. Assumant le risque de la répétition, de la stagnation dans l'ici de ce monde, on peut aller en avant, en arrière, comme on fait en arpentant un champ, en explorant une forêt, en naviguant sur la mer.

II

> « Comme un beau cadre ajoute à la peinture
> ...Je ne sais quoi d'étrange et d'enchanté
> *En l'isolant de l'immense nature.* »
>
> BAUDELAIRE, *Le Cadre.*

Dans son essai *Instant poétique et instant métaphysique* (éd. Gonthier, 1966), Gaston Bachelard définit la poésie comme « le principe d'une simultanéité essentielle où l'être le plus dispersé, le plus désuni, conquiert son unité [...] C'est pour construire un instant complexe, pour nouer sur cet instant des simultanéités nombreuses que le poète détruit la continuité simple du temps enchaîné » (p. 103). Baudelaire, qui a si « fortement saisi les instants décisifs de l'être », a bien vu dans la *correspondance* « une somme de l'être sensible en un seul instant » — un instant où les sentiments les plus contradictoires de l'existence « s'éprouvent *ensemble,* immobilisent le temps, car ils s'éprouvent ensemble reliés par l'intérêt fascinateur à la vie » (pp. 109-110).

Alors que le « temps commun fuit horizontalement avec l'eau du fleuve, avec le vent qui passe », c'est « ce temps *vertical* que le poète découvre quand il refuse le temps horizontal, c'est-à-dire le devenir des autres, le devenir de la vie, le devenir du monde » (p. 105). On retrouve bien ici, chez Bachelard — avec l'intuition juste et profonde du « temps vertical » comme la flamme d'une chandelle, de l' « instant stabilisé où les simultanéités s'ordonnent » —, la perversion dualiste de la pensée occidentale. Elle aussi sépare radicalement (comme on distingue la poésie de la prose) le « temps commun qui fuit horizontalement avec l'eau du fleuve [1], du « temps vertical » et « arrêté » du poème où l'on « atteint la référence autosynchrone, au centre de soi-même, sans vie périphérique », là où « soudain toute l'horizontalité plate s'efface. Le temps ne coule plus. Il jaillit » (p. 106).

Cet idéalisme poétique bachelardien exalte seulement la « personnalisation formelle », au détriment de la « personnalité substantielle, personnalité soi-disant originale et profonde, mais en réalité tout embarrassée par la pesanteur des passions et des instincts, livrée à l'entraînement du temps transitif », horizontal. Sur sa lancée, G. Bachelard va jusqu'à écrire : « Psychologiquement parlant, en suivant l'axe de la libération — des représentations d'objets concrets, et de la personnalité substantielle —, quand le détachement matériel sera obtenu, on ne se déterminera plus pour une chose, ni même plus pour une pensée, mais finalement pour la forme d'une pensée.

1. Comme font les « paroles des jours », « *divréi-ha-yamim* »...

La vie spirituelle deviendra esthétique pure [...].
Ce temps de la personne, ce temps vertical, est
franchement discontinu » (pp. 100-102).

Il va sans dire que nous nous inscrivons en
faux contre ces conclusions, d'inspiration toute
mallarméenne, qu'éclaire une autre remarque
révélatrice de Bachelard, située au début de son
ouvrage : « La pensée pure doit commencer par
un refus de la vie. La première pensée claire,
c'est la pensée du néant » (p. 9).

Refusant le divorce de la source Poésie et du
fleuve Prose, le dualisme qui signifie exclusion
de l'un des termes du couple originel liés par le
souffle au cœur du langage humain, j'ai voulu
les affecter du *Vav* conversif de la grammaire
hébraïque, ce procédé métaphysique révolution-
naire qui inverse le passé en futur et le futur en
passé, le courant négatif en positif, et rend leur
alternance possible.

Quel nom donner aux proses qui font face aux
poèmes dans mes livres ? Ce ne pouvait être le
roman ; quand j'étais un jeune étudiant en philo-
logie romane, les dictionnaires étymologiques
rattachaient ce mot à une œuvre épique dont la
matière littéraire était empruntée à l'histoire
romaine, telle qu'on se la figurait à l'époque
médiévale :

Ne sont que trois matières à nul homme entendant :
De France, de Bretagne, et de Rome la grant.
Jean Bodel, la Chanson des Saisnes.

Le roman est une œuvre de fiction extrêmement structurée, une narration volontaire, planifiée, dominée par son auteur. Ce qui frappe de prime abord le lecteur de romans, c'est son caractère linéaire, la qualité unidimensionnelle de son dessin. Est-ce l'effet du hasard si ce genre littéraire aux traits nets et frappés comme ceux d'un médaillon se développe et occupe le devant de la scène dans l'Occident moderne, de *la Princesse de Clèves* ou des *Liaisons dangereuses* jusqu'à Mauriac et à Montherlant ? C'est une narration systématique, arbitrairement amplifiée, dont l'orientation forcée dans le temps est alourdie par une conception architectonique quasi spatiale. Elle sert de prétexte à la fabrication ordonnée de destins tout faits, dont le récit concerté n'est pas celui, spontané et inattendu, des *divréi-hayamim*. Comme forme d'art majeure, ce roman bien latin en esprit *se substitue en Occident à la poésie*. Mais il n'a guère le caractère jaillissant, chaotique et imprévisible des « paroles des jours » hébraïques, des apparitions libres de l'ailleurs et de l'inouï au cœur du quotidien.

Dans mes proses j'ai désiré éviter ce piège, et, voulant faire le contraire d'un roman, j'ai cherché un nom qui exprimât cette polarité opposée : un nom où il n'y ait rien de romain, un nom où soient exorcisés tous ces éléments rigides, libérés les vecteurs temporels inflexibles, brisé le caractère de fausse fatalité, la pseudo-destinée bien plus théâtrale que tragique toujours impliquée dans le roman moderne. Souvenons-nous du requiem final de *Madame Bovary* : « C'est la faute de la fatalité. » Bien sûr, cette parole est prononcée devant Charles par Rodolphe, le séducteur d'Emma, avec une énorme ironie : mais c'est un sarcasme sérieux, une moquerie satanique à laquelle il faut croire tout en ricanant avec son auteur [1]. Or, à mes yeux, les textes de prose doivent être débarrassés de la nécessité infernale, de la logique du diable, afin de vivre et de devenir autres dans la confiance des commencements perpétuels, encore libres de toute fatalité. Au lieu de les baptiser hypocritement *romans*, comme font tant de nos contemporains, en dépit du malaise qu'ils ressentent à l'égard d'un genre aussi contraignant, je les ai appelés mes *judans*, évoquant d'un seul mot une sphère de sensibilité et de culture située aux antipodes du monde romain, que régit la seule nécessité structurale fille du jugement sans merci. Elle répudie le projet de maîtrise du temps et de l'espace circulaires, caractéristique de l'esprit technique d'Athènes et du légalisme de Rome. L'univers du *judan* ressemble plutôt à celui « d'un homme qui jette la semence en terre. Il s'endort et se réveille, nuit et jour : la semence germe, croît, il ne sait comment. La terre d'elle-

1. Voir *l'Art et le Démonique*, Flammarion, 1978, pp. 164-214 ; pp. 267-324.

même porte du fruit, en premier l'herbe, puis l'épi, puis plein de blé dans l'épi. Mais quand le fruit se donne mûr, vite, il envoie la faucille, parce que la moisson est là ! » (Marc IV, 27-29).

Le *judan* participe de tout ce qui est fluent, de ce qui circule à deux sens dans le temps, selon le principe grammatical du *Vav* conversif hébraïque : dans l'histoire juive, la succession des temps peut être dramatique, assez souvent effrayante, mais jamais close, nullement tragique. Aucune sentence n'est finale ni absolue. Elle sera réparable et réversible, selon l'ordre de la « conversion », du retour sur soi ou *teshouvah*, qui seul rend la vie terrestre supportable, sous l'emprise de la contrainte extérieure et de tous les déterminismes qui nous régissent.

Les poèmes recueillis sont le fruit mûr des années ; ils se dorent dans le feuillage aérien de ces proses mouvantes, comme le photon, le corpuscule ou grain de lumière est porté à la périphérie du champ spatial par l'onde lumineuse en expansion infinie. L'éclosion du poème correspond au moment de la décision, où ces tâtonnements insoucieux, cette avance à l'aveuglette que sont pour moi la prose et la vie de tous les jours, cette exploration qui est celle de toute notre existence, *convergent* vers un nœud fatal, s'élancent dans une éternité en puissance. Alors le texte taillé *ne varietur*, se fait tissu sans lacunes, demeure et présence lisibles, dans la clarté du principe qui émergerait en nous demain ou jamais, donc une fois pour toutes... « En ce jour-là, le germe de YHWH se fera magnificence et gloire » (Isaïe IV, 2) comme le temple sur le mont Moriah, ou le cerf de beauté qui bondit dans les collines arides. « Mon serviteur Germe » est pareil au tremplin qui sert à accéder au lendemain, de façon inéluctable : « Voici un homme dont le nom est Germe, il germera en son lieu » (Zacharie VI, 12). A partir d'ici, plus moyen de reculer : tel est le moment du poème. Aussi doit-il être connu dès la phase génésique, placée en tête du livre ; les paroles des jours, réversibles, répétitives et libres comme ce *judan* qu'on est en train de lire, viendront à la suite. Dans *l'Intuition de l'instant,* Bachelard a évoqué "l'état de recueillement où se trouve le germe d'où va sortir la vie [...] Le germe [...] ne peut vraiment recommencer que dans l'exubérance d'un début. Débuter, c'est sa véritable fonction [...] C'est là qu'on peut mesurer la vraie puissance de l'être. Cette puissance, [...] c'est le retour à la liberté du possible, à ces résonances multiples nées de la solitude de l'être" » (*op. cit.,* pp. 66-67).

J'aimerais que mon lecteur idéal me lise d'abord dans l'ordre formel que dessine mon livre. Puis qu'il l'inverse, qu'il revienne librement des proses aux poèmes, qu'il parcoure l'ouvrage dans tous les sens qu'il lui plaira d'inventer en les mariant à sa guise, qu'il fasse la navette et tisse ainsi sa propre vie entre les deux mondes proposés par le livre à son errance toujours trop précise ! Existant simultanément dans l'univers des destinations, des départs absolus, des cristallisations définitives du poème, qu'il n'oublie jamais la matrice flottante, miséricordieuse et libre où il s'est d'abord trouvé recueilli et concentré pour surgir, parfait comme le nouveau-né, à la lumière de la poésie en acte.

Le terme *ré'hèm*, en hébreu, désigne à la fois la cavité utérine et le lieu mental de la bonté gratuite, qui aime ce qu'elle engendre et le porte jusqu'à son terme. La contemplation authentique s'enracine dans le terreau vocalique du *davar*, dans l'articulation prosaïque des actes de tous les jours ; elle ne s'éveille jamais hors du sensible quotidien. Le ventre ondulant, souple, féminin et changeant de la prose appelle la brûlure bienheureuse du poème qui s'érige et va et vient en elle ; son tranchant rigoureux et sévère lui impose une mesure. Le livre entier (le *dibbour* achevé), est un moyen terme, mille fois brisé, varié et renouvelé entre le hasard et la nécessité.

Dans une étude fort originale intitulée « Métrique de l'inconscient [1] », Michèle Montrelay met en parallèle l'étiologie de certains troubles du discours articulé (dysorthographie, dyslexie,

1. Dans « La poétique la mémoire », *Change* n° 6, Seghers, 1970.

etc.) et l'apparition de la métrique formelle dans l'écriture poétique. Celle-ci a lieu « dès que *l'articulation se mesure*, à la fois comme répétition et comme mouvement de parler [...] D'un côté la métrique "en rajoute", d'un autre côté elle restreint. A la fois elle rapporte, greffe [...] du tissu vivant sur la répétition vide et neutre [...] A la fois la métrique est coupe, [...] elle coupe le discours de toute une part de lui-même ».

L'auteur conçoit les troubles de langage du patient comme une détérioration quasi intentionnelle, une agression à demi inconsciente qu'il commet contre « LE discours en général, une parole qui est autre, impersonnelle » — en d'autres termes contre la mauvaise prose socialisée universelle, cette marâtre qui lui impose l' « immaîtrisable succession des séries » banales de mots étrangers et hostiles. Dans ce combat contre le mal du monde parental, les failles du langage, les « fautes » sont-elles les coupes qui limitent, bornent le « flot informe de la prose étrangère, comme les coupes métriques du poème la mesurent à leur façon » ? Autrement dit, le symptôme pathologique « est là "comme pour" mesurer, sur un mode singulier, les hasards, l'immaîtrisable de l'articulation signifiante inconsciente, [...] — la dysorthographie-dyslexie apparaît comme un instrument de mesure du discours » — à l'égal de la prosodie qui joue le même rôle à la fois frustrant et gratifiant dans l'ordre de la production littéraire, en réaction contre la prose anonyme d'autrui écoutée dans la souffrance et l'ennui interminables du monde présent.

Par la vertu curative de sa métrique, « le poème, au moment où il s'écrit, est discours qui se découpe pour faire la castration *et* la jouissance ». Comme dans les troubles du langage social ennemi, dit normal, à travers la métrique poétique qui viole, contraint et concentre le langage reçu, s'établit « dans le signifiant un double jeu ». « Jeu de *coupe*, jeu de *surenchère*. Le premier fait la castration, le second la jouissance. L'un suit l'autre nécessairement. » Il s'agit donc, à la fois d' « accentuer les coupes vitales », et de « faire valoir l'articulation ».

La mesure prosodique est à la fois un étau qui arrête l'élan de vie, et la cause d'un jaillissement, limite et exaltation de l'être de la parole. C'est par l'effet de sa restriction-castration métrique, que la prose-Protée du monde social mensonger et aliénant se cristallise en noyaux de jouissance poétique, taillés au Paradis du monde à venir dans un langage singulier et vrai. Ce qui laisserait soupçonner que l'étouffement par le mal social, l'incapacité intérieure de parler la prose haïssable imposée par la tribu, seraient à l'origine de la création poétique. Ou, comme le demande Michèle Montrelay, « les coupes qui ouvrent le discours supposent-elles toujours [...] la fonction d'un organe déchu, déserté ? Ecrit-on toujours à corps perdu ? » (pp. 132-137).

III

En composant mes livres bifocaux, je désire donner au lecteur une vision double : elle lui permettra de se rappeler qu'en lui-même il est à la fois l'homme prosaïque de la matricialité pleine de miséricorde[1] et l'homme poétique de la rigueur qui tranche le destin, « mon serviteur Germe » dont le cri de départ, le bond hors d'un commencement absolu sont la véritable vocation.

N'étant nullement théologien de formation, j'ai rejoint ainsi, presque à mon insu au début de ma quête, une intuition fondamentale de l'hébraïsme. Je me suis trouvé au confluent de la tradition biblique authentique — celle qui n'était pas encore gauchie par les enseignements des Pères de l'Église grecs et latins.

La tradition originelle est celle qui s'est transmise avant que le *roman* ne se soit glissé dans le *judan* pour le supplanter et l'éliminer de la

---

1. *Ra'hmanouth,* en hébreu.

culture occidentale. La Bible est le *judan* par excellence, l'incarnation majeure de cet ordre d'écriture. Curieuse désignation, on affuble le *corpus* biblique du nom de « Testament ». Le testament supposé de ceux qui ont trop tardé à trépasser, mais que certains préfèrent ranger tout vifs parmi les défunts, en s'appropriant un peu vite leur place au soleil. Dans le premier Livre des Rois, au chapitre XXI, nous lisons l'édifiante histoire quotidienne du roi Achab, le mari de Jézabel, qui convoitait la vigne de son humble voisin Naboth de Jezraël, et le fit lapider le plus légalement du monde par les notables de sa bourgade pour s'emparer de son unique bien. Alors Elie le prophète vint au palais du roi d'Israël à Samarie et lui dit : « Tu as assassiné, et tu as aussi hérité ? » Ce mot de « testament » est donc à manier avec grande prudence...

Selon la conception fondamentale de la Bible et de ses commentaires classiques, la présence divine se manifeste à l'homme sous deux aspects complémentaires : dans *El, Elohim,* s'exprime la loi transcendante qui suscite, limite, et régit l'univers. *El,* en hébreu, signifie à peu près : vers là-bas ; *Elohim,* pluriel de majesté, serait par conséquent un *là-bas* multiple, la force d'attraction de l'extrême distance dans la simultanéité cosmique. Dans *Elohim* se révèlent donc les divers visages [1] de la rigueur divine. Là se dessine au-dessus de nous sa face sévère, celle du Créateur saisi comme juge, législateur, gardien du monde où s'incarne sa loi. C'est en lui imposant une limite assez semblable à la coupe du vers dans la métrique poétique, une « coupure » qui est aussi celle de la parole du commandement et de l'alliance, qu'Elohim cristallise ou « circoncit » son œuvre, lui assurant une permanence dans l'espace comme dans la durée [2]. *Elohim*, cristal solaire dans les profondeurs de la terre comme dans les hauteurs du ciel, nous « donne à manger le miel dans le rocher ». Mais c'est là un présent redoutable. Nous lisons dans le livre des Proverbes :

« Il n'est pas bon de manger beaucoup de miel. »

XXV, 27.

« Si tu trouves du miel, n'en mange que ce qui
[te suffit,
De peur que tu n'en sois rassasié, et que tu ne le vomisses. »
Id., 16.

Ce miel concentré est contenu dans les alvéoles géométriques qui l'englobent, le retiennent rigoureusement au sein de leur espace régulier et clos. Le miel n'est pas un produit banal, inépuisa-

---

1. *Panim.*
2. *Milah* : vocable. *Brith* : alliance. *Brith-Milah* : circoncision, coupure de l'alliance dans la parole *et* dans la chair mâle.

ble et bon marché. Il ne se fabrique pas en masse. Il appartient à cet ordre de choses excellentes dont Spinoza disait qu'elles sont aussi difficiles que rares. D'abord doivent être construites dans l'espace indéfini ces petites loges de cire bouchées par l'opercule, pour que les abeilles puissent déposer et conserver leur trésor dans les cellules étroites, mais parfaitement formées, qui tapissent le bois de la ruche, comme celles des moines enclosent le cloître dans une abbaye médiévale.

Les alvéoles, les rayons chargés de miel cristallisant et doré sont comme les tabernacles de la parole. Ainsi le poème, à mes yeux, n'appartient plus au placenta ni à l'amnios proliférant entre les parois de la matrice. Il signifie déjà cet être de parole individualisé, cet embryon unique au monde qui vit pour soi, concentré sur sa propre structure temporelle, « assis dans sa demeure » (Deut. VI, 7) tels l'orant ou le juste parfaits.

Echappant enfin aux membranes utérines qui l'enveloppent lors de la longue gestation souterraine, il ne réagit plus à la vague question primordiale : « Quoi ? », mais à l'interrogation suprême sur l'identité de l'Unique, il répond déjà par un « Qui ? » fatidique et irréversible. Son cri même n'est autre que cet appel, jadis indicible, dirigé vers le centre de sa personne : proférant enfin la syllabe « Mi ? » avec toute la distance, la sévérité et les limites d'un être bien-né, individué jusqu'au plus profond de soi-même. Une personne mesurée rythmiquement dans le temps qui la césure et la définit jusqu'à se découvrir un jour nulle — personne —, tel aussi est le poème. Il tourne vers nous le visage aveuglant de la rigueur par laquelle l'Elohim du Buisson Ardent « se fera devenir celui qu'il se fera devenir » et pourra s'appeler — « tel qu'en lui-même enfin » — YHWH, source de la tendresse et de la charité.

En effet, il y a d'abord l'autre face de la présence divine, que nous ne devons jamais oublier en contemplant la dureté éclatante du diamant poétique, du miel des rochers d'Elohim, dans sa perfection, sa clarté solaire, et sa finitude apparente. YHWH, c'est la face divine qui s'abandonne. La source jaillit du plus secret de son intimité et se laisse couler comme un fleuve qui s'élargit pour engendrer l'espace à partir du néant, pour embrasser le monde dans son étreinte fécondante, et le renouveler en se régénérant lui-même dans le temps obscur des choses. YWHW, le visage de la grâce spontanée [1] n'est-il pas comme la face féminine originelle de la présence, la manifestation fluente, celle qui est encore et de nouveau en devenir à l'intérieur du monde de la rigueur qui l'enveloppe comme un vêtement flamboyant ?

1. *'Hésséd.*

Pour le Rabbi Na'hman [1] de Bratslav, un des
maîtres du hassidisme, la véritable charité n'est
pas séparable de la rigueur. Là où la grâce est
vraiment elle-même, et non une parodie facile de
la bonté, c'est au niveau de sa propre sévérité.
L'amour doit se manifester dans le sein de la
dureté. Cette dureté-là, ce lieu du jugement intègre où la rigueur [2] s'enracine dans la charité, est
le seul amour authentique et responsable. On
apprend par là que la vertu de jugement [3] trouve
sa source dans la vertu de charité [4]. Celle-ci est
donc la valeur absolue où s'origine même son
principe opposé, le jugement rigoureux. Comme
le souligne inlassablement Emmanuel Levinas, le
véritable amour est avant tout respect du visage
d'autrui. L'amour de désir, dévorant et sans
frein, commet ses crimes par manque de crainte
— celle de blesser autrui, de détruire l'être con-
voité sans vergogne. La « crainte de Dieu » est le
principe de l'amour humain, comme le début de
la sagesse.

Les Sages enseignent que la vertu de jugement
se situe « aux arrières [5] » de la vertu de charité.
On nous raconte dans Gen. XXII comment Abraham, l'homme de la générosité excessive, de la
bonté sans frein, invite à un festin le roi des Phi-

1. *Liqoutéi Moharam*, pp. 92-94, éd. Kenig, Collel Bratslav,
Bné-Brak (selon l'interprétation de Léon Ashkénazi).
2. *Gvourah.*
3. *Midatèhadîne.*
4. *Midat-ha'héssèd.*
5. *A'horaïm.*

listins, l'idolâtre Abimélech, et conclut avec lui une alliance pour le moins imprudente. C'est justement à l'occasion du sevrage de son fils Isaac qu'il se commet ainsi avec le Philistin ! *Vayehi a'har ha-devarim ha-éléh*, « à l'arrière de ces actes et de ces paroles-là », Dieu, courroucé, l'éprouvera au nom de sa rigueur offensée — lui ordonnant de lui sacrifier son fils Isaac, « ton unique, celui que tu aimes ». Tel est le piège de la vertu de charité pratiquée sans mesure : elle fait venir sur nous le jugement, pour que se rétablisse le nécessaire équilibre interne entre la rigueur et la grâce.

Si l'on veut lire sérieusement les Écritures hébraïques et leurs commentaires, il faut avoir compris en premier lieu que les deux visages ou moments de la manifestation, Elohim et YHWH, surviennent et agissent simultanément, même si dans l'ordre de la préséance le noyau saint de la Présence résidant en son lieu propre, hors du temps, c'est la personne miséricordieuse désignée par le Tétragramme improférable : « YHWH, c'est lui l'Elohim ! » — et non l'inverse —, cette septuple proclamation clôt à juste titre le jeûne du Grand Pardon. Affirmer le contraire, donner la primauté à Elohim sur YHWH dans la structure interne de l'unique personne divine, c'est « nier le principe » et se mettre en état d'anathème absolu dans la tradition religieuse d'Israël. L'amour sans bornes est le principe qui gîte dès l'origine au cœur de la rigueur ordonnatrice du monde : « L'univers de charité sera construit [1] ». La rigueur de la loi, qui limite et mesure ce qui est déjà achevé, n'est pas à la source de la grâce matricielle. Le miel est feu et lumière, brûlure d'abord sur la langue, surprise ! Mais en profondeur cette morsure se révèle devenir peu à peu un baume, une douceur. Une tendresse exquise et sans limites se répand dans notre gosier obscur : c'est « l'huile qui sort du rocher le plus dur ». (Deut. XXIII, v. 13.)

Loi, ordre, cristal, poème, le miel est si bon à manger ! Mais que cela soit toujours avec modération... car de son feu aux languettes courtes et concentrées il faut savoir se tenir quelque peu à distance. Ce poème que l'on exalte et qu'on isole dans sa splendeur, comme l'ont fait, après les Grecs, tous leurs néophytes dans l'Occident moderne, il va devenir une idole aussitôt qu'on l'adore dans sa pureté insoutenable. Une idole, c'est-à-dire une image achevée, une ressemblance refermée sur elle-même. Une figure étrangère qui semble venir d'ailleurs. Ainsi la femme de Loth, se retournant pour voir le feu du ciel tomber sur Sodome, se mua-t-elle en statue de sel.

Cependant, son pouvoir de rayonnement, sa puissance de vie continuée et de renouvellement

1. *Olam héssèd yibanéh.* (Ps 89, v. 3.)

périodique, qui semblent jaillis du fond trop limité d'elle-même, ne s'effectuent qu'à partir de la présence invisible qui était depuis toujours derrière la belle idole solitaire.

Le ventre occulté de la grâce la réenfante sans cesse, hors d'une terre obscure... Le culte du poème pur, de l'art pour l'art, fait sans doute partie de l'idolâtrie générale des formules, si répandue en Occident. On y adore l'aspect rigoureux, impitoyablement sérieux, *en fin de compte méchant,* de ce qui se manifeste comme objet visible et fini dans le monde. Pourtant l'apparence ne se livrait pas de prime abord comme un être clos, mais plutôt comme une apparition passante et changeante, une épiphanie fragile et précise du sensible sur fond d'énergie insondablement mouvante : un vol de papillons dans le vent du matin.

S'agripper à la face trop glorieuse de l'épiphanie éphémère, s'y consacrer avec une obstination idolâtrique, c'est déjà tuer sa puissance intérieure toujours en mouvement vers l'avenir, annihiler par cette dévotion asphyxiante son pouvoir de mourir et de resurgir dans l'autre ou dans l'ailleurs.

Confronté au poème-idole isolé, dressé sur la page « que sa blancheur défend », il faut se souvenir constamment du fleuve informe de la prose, de cette parole naissante qui, quoique encore à moitié informulée, se profère avec diffi-culté contre tant d'obstacles cachés, émergeant à la fin de ses propres ténèbres. Elle s'édifie peu à peu, au coup par coup, cette tête de pont pre-mière du temps de parole matériel, cette face de la miséricorde désignée et résumée par le Tétra-gramme : visage du libre surgissement qui triom-phe dans l'humilité, sans limites et sans freins autres que ceux de l'amour lui-même.

Fait insolite, l'inceste du frère et de la sœur, anathémisé et puni de « retranchement » parmi tant d'autres conduites sexuelles déviantes qu' « abomine » la législation mosaïque, est pourtant le seul qui soit désigné dans la Bible par le terme laudatif hébreu de *'Héssèd* (Léviti-que XX, 17). Loin de signifier l' « abomination[1] », ce mot veut dire habituellement : la « grâce » ! Ressuscitant, comme l'a noté Kafka, l'amour du père et de la mère, l'inceste heureux du frère et de la sœur serait le haut lieu de l'amour humain, l'Eden de la tendresse rêvée pour la fin des temps, l'accomplissement définitif de l'unité dans la Création. « Abraham disait de Sara, sa femme : C'est ma sœur [...] Il est vrai qu'elle est ma sœur, fille de mon père ; seulement, elle n'est pas fille de ma mère, et elle est devenue ma femme (Gen. XX, 2, 12). « Et elle-même, n'a-t-elle pas dit : C'est mon frère ? » (*Id.* 5). « Lorsque Dieu me fit errer loin de la maison de mon père,

1. *To'évah.*

je dis à Sara : Voici la grâce que tu me feras : dans tous les lieux où nous irons, dis de moi : C'est mon frère » (*Id.*, 13). De même, Isaac à Guérar : « Lorsque les gens du lieu faisaient des questions sur sa femme, il disait : C'est ma sœur » (Gen. XXVI, 7).

Les patriarches préfigurent ainsi — dans la crainte du meurtrier, il est vrai — le règne ultime de la grâce et la floraison du bonheur humain. Mais, loin de la presser, il ne faut pas hâter la fin des temps sans raison contraignante ; sinon Israël viole le tabou de l'inceste fraternel, que la Tora et la loi orale s'accordent à interdire dans le monde présent, le réservant aux béatitudes du monde à venir.

« Qui te donnera comme mon frère, tétant les seins de ma mère. » (Cant. VIII, v. 1).

« Qu'elles sont belles, tes étreintes, fiancée ma sœur ! » (III, 10).

S'interrogeant sur les origines de la loi du lévirat en Israël, le grand théologien médiéval Na'hmanide fait appel à une parabole étonnante : le problème en suspens de l'inceste fraternel a provoqué une dispute, au Ciel, entre l'Eternel et sa propre Tora. Celle-ci parle devant Dieu d'une voix presque autonome, puisqu'elle préexista (comme chaque lecteur de *Bereshit Raba I* le sait) à la création du monde d'en bas. Par un effet touchant de sa mansuétude, le Saint, béni soit-il, aurait volontiers autorisé le mariage du frère et de la sœur — dans le seul but, précise le com-

mentaire, de conserver indivis l'héritage familial... Mais la Tora, plus intransigeante qu'Adonaï
sur le chapitre de l'inceste, s'y opposa ferme-
ment, et sa vertu sévère limita ce jour-là la charité excessive du Père pour ses enfants terrestres. L'institution biblique du lévirat — un compromis prudent ménageant à la fois la décence et
l'endogamie — mit heureusement fin à la que-
relle de ménage du Créateur et de sa Tora sur les
avantages de l'union charnelle entre frère et
sœur. Pourtant il est précisé dans les *Tikkounéi-
ha-Zohar* (69) : « En haut, [dans le monde spirituel de la Tora-de-Atsilouth], il n'y a plus
d'inceste. »

Attribut décisif du Tétragramme, la charité,
dans l'économie spirituelle, c'est le don sans
limite spatiale, ni borne dans la durée : « car sa
grâce demeure à jamais [1] ». Nous, qui ne sommes
pas encore des dieux, nous ne saurions déjà nous
offrir ici-bas le luxe de cette bonté sans frontières, réservée à l'ère messianique vers laquelle
nous marchons à reculons sur un terrain depuis
toujours miné par la haine et la peur.

Ne séjournons donc pas trop longtemps dans le
royaume charitable de la prose, cette marée sans
fin de paroles qui, comme l'étreinte incestueuse

1. « *Ki le 'Olam 'hasdo.* »

54

du frère et de la sœur, constitue la grande tentation du roman occidental à son déclin, — par exemple chez Robert Musil, dont l'*Homme sans qualités*, œuvre inachevable, conjugue le thème de l'inceste fraternel avec le flux et le reflux incessant de la matière langagière bouillonnante comme celle des galaxies. La parole elle-même devient ici le « lieu perfide » de la tentation gnostique, le piège de l'enlisement dans la substance mauvaise du monde en désordre. Cette tentation, c'est celle de vouloir tout dire, d'englober la substance matérielle, sensible, verbale, intellectuelle, et la matrice sexuelle du cosmos dans la narration romanesque, entraînant les héros au fond du marécage utérin dans une fusion symbiotique destructrice de leur libre personnalité.

Parallèle et contraire à celle de la poésie (trop) pure, voilà donc une des tentations majeures de l'Occident contemporain. La prose redondante dévoratrice de l'individualité humaine, à la fois totalisante et totalitaire, est un des deux pièges de notre littérature. L'autre nous a été légué dans l'héritage de Mallarmé et de Valéry : le cristal aveuglant arraché à la gangue obscure du monde s'expose à nos yeux comme une idole, devant laquelle l'âme de l'homme se dessèche et se stérilise, abolie dans le suspens de l'adoration.

Afin d'échapper à ces deux formes de destruction, ou d'éviter leur fatale alternative, il ne reste qu'une issue : rapprocher les polarités ennemies. Nous sommes vraiment confrontés à deux sortes de mort : l'une procède de l'inceste fraternel — l'excès de familiarité entre les deux énergies maîtresses de ce monde entraîne sa fin ; l'autre mort résulte de l'idolâtrie de l'image, puissance intermédiaire cristallisée en chose fermée et finie. A celle-ci aboutit le culte exclusif de la rigueur et de la loi. Vers quoi tendent depuis Mallarmé les poétiques formalistes en Occident, sinon à adorer à la limite le langage en soi, qui est pour leurs adeptes la manifestation absolue de la Loi ? La différence d'écriture est infime entre le Formel et... le Formol — cet antiseptique malodorant dans lequel on conserve les « macchabées » qui macèrent dans leurs baignoires de fonte, au sous-sol des vieux instituts d'anatomie...

L'esthétique occidentale impose un choix déplorable entre deux maux symétriques : la pétrification de la conscience terrorisée devant l'idole verbale achevée, parfaite en sa rigueur mortuaire, ou la fusion immédiate dans la matière matricielle du langage illimité. La seule alternative à l'idolâtrie de l'icône poétique réside dans la noyade au sein du mouvement fluvial, sans mesure et sans loi, de la prose romanesque infinie, dont Joyce fournit un des premiers modèles au début de ce siècle. Avancée océanique de paroles simultanées, polyphonie sauvage qui déferle et prolifère hors de tous repères fixes, dans un temps privé de rivage.

Mes efforts visent à exorciser les deux tentations, si fréquemment associées dans notre littérature qui retombe sans cesse de Charybde en Scylla. C'est pourquoi, dans mes livres, les deux volets de poésie et de prose se font face en s'interpellant *ézèr kénégdo* — : à la limite ils voudraient s'interpénétrer, mais sans jamais se confondre. Sinon, ce serait le retour à l'inceste fraternel interdit dans le monde présent[1], et qui demeure pourtant, de façon sous-jacente, la grande promesse du monde à venir. Je vis et j'écris dans un état d'équilibre instable ; exposé au monde fluant, au langage mouvant, je me glisse harassé à travers le défilé des mots et des jours.

Poèmes, récits, journaux intimes, essais expriment, plus encore que ma seule pensée, mon appréhension actuelle de ce qui a lieu, mon souci devant ce qui (se) passe, sans m'imposer a priori la contrainte d'une cohérence extérieure mensongère, intolérable au « *souffle parlant* » authentique. « Corps mué en tâtonnement, j'avance pas à pas dans mon étouffement, suivant une fissure dans le roc lézardé. »

Ce cheminement contrarié n'est peut-être ni commode ni glorieux. Mais je crois que notre existence difficile doit se garder des faux triomphes, des sentiments d'aise consolants et illusoires. Le malaise est notre vrai séjour ici-bas. L'écoulement morne et gris de la durée vécue dans la platitude quotidienne, se perd à son tour dans la boue terrestre. « La matière besogneuse, la solli-

---

1. Cf. Lévitique XX, 17.

citeuse indigente » dont parle Plotin, c'est la dimension de l'attente passive, du « pâtir » spinozien, le temps rigoureux de la prose qui tranche sur l'exultation, toujours à venir, du poème. Que ce soit dans le langage parlé, dans la parole écrite, et plus encore dans nos actes, il nous faut d'abord apprendre à ramper humblement à travers le défilé abrupt de nos années de vie.

Voilà une longue confession : elle a jailli l'été dernier à la Chartreuse de Villeneuve-lès-Avignon, en réponse à la question inattendue que me posèrent un matin René Daillie et Gil Jouanard : « Pourquoi écrivez-vous des livres doubles, associant aux poèmes des textes en prose, au lieu de les séparer comme l'exigent la tradition littéraire majeure et l'édition en France depuis des siècles ? » Surpris par la curiosité de mes amis, je me suis risqué alors à la satisfaire, aux approches de ma soixantième année... Au fond, j'avais rêvé depuis toujours de faire mes livres de cette façon-là, sans oser me l'avouer explicitement.

Emilie Noulet n'était pas la première, en 1956, à me dissuader de suivre mon vrai penchant. Je me rappelle tout à coup que, dès 1948, André Gide et Saint-John Perse essayèrent de m'en décourager. Voilà un souvenir lointain et oublié, que je n'ai jamais évoqué nulle part. Parce que je voulais me masquer le conflit intérieur dont j'ai souffert alors, j'en avais occulté toutes les traces. J'ai retrouvé récemment une lettre d'André Gide, expédiée de Paris à Columbus, aux Etats-Unis où je séjournais depuis 1943. Datée du 3 octobre 1948, elle me disait entre autres : « Permettez-moi de joindre ma voix à celles de vos amis qui vous déconseillent de publier vos "notes" en manière de préface à vos poèmes. Vous n'avez ni à expliquer, ni à justifier ceux-ci. » J'avais eu à ce moment-là un bref échange épistolaire avec le poète des *Nourritures terrestres*. Sans m'avoir jamais rencontré, il avait lu mon recueil manuscrit et m'encourageait à le publier chez Gallimard.

Quant à Saint-John Perse, toujours exilé de France, il résidait dans la banlieue de Washington. Son ami le poète Archibald MacLeish, directeur de la Bibliothèque du Congrès américaine, lui avait trouvé là-bas une sinécure qui lui permettait d'écrire sans dépendre de personne. J'ai raconté ailleurs ma première visite à Perse, en automne 1948 [1]. J'étais alors un jeune homme de vingt-sept ans ; je présentai à mon aîné l'ensemble de mes écrits de jeunesse, dont les poèmes seuls allaient paraître en 1950 sous le titre *la Lutte avec l'Ange*. Désignant du doigt les pages de prose de mon manuscrit, il me dit à peu près ceci : « Attention, cher ami, maintenant que les

1. Cf. *l'Art et le Démonique*, éd. Flammarion, Paris, 1978, pp. 28-41.

poèmes sont écrits, *il faut faire disparaître l'échafaudage*. Il a servi, c'est fini, qu'on le brûle, et
qu'on n'en parle plus. » L'expression « enlever
l'échafaudage » est restée gravée dans ma
mémoire, je l'entends encore résonner à mes
oreilles après trente et quelques années...

Mais pourquoi, d'abord, ce long oubli ? Arracher l' « échafaudage » de ces poèmes, faire le
silence sur les désolantes contingences de ma vie,
au milieu desquelles ils ont surgi, sans doute
était-ce à mes yeux un acte chargé de trop
d'angoisse pour le supporter en toute quiétude
d'esprit !

Longtemps, j'ai voulu oublier ces épisodes
importants de ma jeunesse, précisément parce
que j'avais, à l'époque, suivi à contrecœur le con-
seil mallarméen de Perse et de Gide. Oter l'échafaudage, c'est consommer le divorce entre le pur
et l'impur dans le domaine sacré de l'Art... Or,
remarque le Talmud, le pur est reconnu comme
tel parce qu'existe en même temps, à côté de lui,
l'impur. Autrement, pourquoi la Tora prescrirait-
elle à chacun de se rendre pur en se baignant
dans le Miqveh, après l'acte sexuel par exemple,
ou dès qu'on a touché un cadavre ? Dans le bain
rituel des femmes, l'eau du Miqveh doit monter
au moins jusqu'à la racine des cheveux, au sommet de l'occiput... Les ongles des doigts et des

orteils coupés à ras, la pénitente immergée s'accroupira nue sur les talons, en maintenant ses genoux pieusement écartés, pour favoriser le flux et le reflux de la fraîche eau lustrale...

En vérité, dans notre condition terrestre, nous passons sans arrêt du pur à l'impur, que seuls effacent le rite et la contrition. Nous participons des deux sphères d'existence à la fois. Certes, il convient de distinguer entre elles, mais sans les disjoindre absolument. Sinon nous suscitons des idoles : anges ou monstres.

Constatons que dans l'histoire littéraire française moderne, la femme a toujours été présentée de cette manière, depuis *la Princesse de Clèves* jusqu'à Baudelaire et à Proust, en passant par Laclos, Vigny, Nerval, Hugo... Pure *ou* impure, « ange *ou* démon, qu'importe » ? — jamais ce ne sera une femme pleinement humaine. Dans la poésie française, la femme est parfois exaltée à l'égale de la Madone, mais le plus souvent elle incarne Satan, Lilith, Dalila, la « sainte de l'abîme » préférée par Nerval et Vigny :

« ... La femme aura Gomorrhe, et l'homme aura Sodome,
Et se jetant, de loin, un regard irrité,
Les deux sexes mourront chacun de son côté. »

Pierre Jean Jouve, dans un texte révélateur intitulé *Beauté*, récapitule en ces termes la tradition littéraire dualiste de l'Occident : « Dans ce mauvais âge défini par la voiture, la radio, l'image, le journal, tous usages de la violence, il n'est plus de vérité pour certaine race que dans la beauté d'un vers, d'une ligne, d'une forme ; il n'est de vie possible que verticalement, en dehors, par un assemblage de sons, de couleurs, et de mots. La beauté de quelques phrases d'hier est comme enduite d'éternité. Donnez-moi la puissance de me rapporter constamment à cette réalité redoutable ; donnez-moi de me sentir toujours capable de l'immuable langue qui, partant de nul lieu, de nul état, sous nul ciel, monte verticalement avec ce qui est dit et ce qui est antérieur au dit, pour vous rejoindre, Dieu. Tout est profondeur, oraison et salut, dans un poème d'airain en apparence, et pure ascension en substance [1]. »

Mes mentors poétiques des années 1940-1950 voulaient que je sépare à jamais ce qui, à leurs yeux, paraissait s'exclure comme le sacré et le profane dans la sensibilité religieuse occidentale : afin que ceux-ci existent, ou qu'ils périssent, *chacun de son côté*. Une fois formé dans la matrice souterraine et ténébreuse, ce « lieu perfide » qui l'a nourri et porté, il faut exalter

1. Cf. *l'Arc*, n° 10, printemps 1960, p. 74.

l'enfant-roi jusqu'au ciel de cristal poétique, en l'éloignant à une distance infinie de sa tourbe natale.

Mais le joyau isolé ainsi dégagé devient vite une chose inerte et morte, quand on l'arrache au bas monde chthonien en perpétuel devenir, dont il est le fruit. Sans tous les humbles jours liés à leur engendrement obscur, que deviennent les Actes, les Paroles, les Choses dont nous voudrions nous enorgueillir comme d'une couronne poétique immortelle ? Dans ce domaine également, sachons écouter enfin l'enseignement de l'écriture hébraïque, si longtemps récusé par l'Occident.

Inventé au déclin du romantisme par Aloysius Bertrand, amené à sa perfection par Baudelaire et Mallarmé, le poème en prose s'est affirmé au milieu du XIXe siècle, alors que le divorce entre prose impure et poésie pure était consommé dans la tradition littéraire française. Son éclosion à ce moment précis de l'histoire de la sensibilité occidentale traduit peut-être un effort pour surmonter la scission radicale apparue dans l'écriture moderne. Afin de la compenser, Baudelaire crée une forme charnière entre le poème vertical où s'incarne l'instant absolu privilégié par le rythme et la rime, et le langage horizontal de la prose, instrument de la nécessité temporelle qui régit notre hasardeuse existence. Fruit d'un compromis, le poème en prose se situe très exactement au point d'articulation entre ces deux domaines séparés du langage, tel qu'il se pratique en Occident. Il est la dernière tentative de réconcilier par sa concision même, l'extase céleste et l'errance terrestre.

Récits, fables, ou variations sur des thèmes majeurs des *Fleurs du Mal*, les *Petits Poèmes en prose* expriment toujours cette double et contradictoire hantise : « Quel est celui d'entre nous, (lisons-nous dans la préface de ce recueil posthume, paru en 1869), qui n'a pas, dans ses jours d'ambition, rêvé le miracle d'une prose poétique, musicale sans rythme ni rime, assez souple et assez heurtée pour s'adapter aux mouvements lyriques de l'âme, aux ondulations de la rêverie, aux soubresauts de la conscience ? » Une telle forme, dégagée de la coupe rythmique rigide, livrée aux hasards du songe, ouverte à la dure réalité de la vie citadine moderne, pourra, mieux que le poème trop rigoureusement mesuré, inclure la multiplicité foisonnante et « abstraite » de l'existence : comme le font les fenêtres, « la réalité placée hors de moi... m'a aidé à vivre, à sentir que je suis, et *ce que* je suis ».

Le temps gris de la rêverie et du vagabondage, plutôt que le feu de l'éternité divine ou la gloire immobile des statues, constituent les leitmotive des poèmes en prose baudelairiens : « J'aime les nuages, ... les nuages qui passent... là-bas, là-bas... les merveilleux nuages ! » Etranger partout, ironise Beaudelaire, cet éternel juif errant, « il me semble que je serais toujours bien là où je ne suis pas, et cette question de déménagement en est une que je discute sans cesse avec mon âme ». Faute d'aborder jamais au port de gloire désiré, « n'importe où, hors du monde » — c'est à un va-et-vient perpétuel entre ici et là-bas, au bercement réversible de leur prose méditante que nous convient les textes si librement rythmés du *Spleen de Paris* : « Il y a une sorte de plaisir mystérieux et aristocratique [...] à contempler, couché dans le belvédère ou accoudé sur le môle, tous ces mouvements de ceux qui partent et de ceux qui reviennent, de ceux qui ont encore la force de vouloir, le désir de voyager ou de s'enrichir. »

Dans l'optique de Baudelaire, le poème en prose est le lieu de la jonction précaire entre l'univers poétique rayonnant d'en-haut, « Là » où « tout n'est qu'ordre et beauté », et la réalité prosaïque, cruelle et sordide, du monde quotidien. Le Temps, « hideux vieillard », faisant irruption à midi dans le lieu enchanté de son *rêve spirituel*, rappelle brutalement au poète dégrisé qu'il est le seul maître de son destin misérable : « Et il me pousse, comme si j'étais un bœuf, avec son double aiguillon. — "Et hue donc ! bourrique ! Sue donc, esclave ! Vis donc, damné !" » Telle est l'implacable leçon de « La chambre double ».

L'évocation des « rêves infernaux » serait-elle la
seule Parole des Jours que notre humanité sans
grâce se sente encore capable de proférer ?

IV

Selon l'ouvrage *la Réparation de minuit*[1], fondé sur l'enseignement du Rabbi Na'hman de Bratslav et de son disciple Nathan, le pénitent se lève à minuit pour se consacrer à l'oraison réparatrice, « afin d'associer la nuit et le jour [...] en obtenant de faire monter et d'inclure tous les mondes dans leur racine, qui n'est autre que le Nom béni soit-il, car c'est là l'essentiel du service de l'homme » (p. 19).

Minuit est l'heure où « s'éveille le coq » symbolique de la rigueur et de la virilité divines, dont la force mâle unitive est capable de maîtriser en nous les trois concupiscences nocturnes que sont la cupidité, la gloutonnerie et le désir luxurieux. La ténèbre est divisée en deux par le réveil pénitentiel de minuit à l'appel de la voix du coq providentiel. La première partie, où notre esprit est livré au sommeil, à l'abrutissement des sens, se

---

1. *Tikkoun 'Hatzoth,* éd. Kéren 'Hassidéi Bratslav, Jérusalem, 5739.

trouve placée sous l'influence maléfique de l' « autre côté » (satanique), — « car ceci est le mal qui est inhérent au Targoum », (c'est-à-dire à la version araméenne de la Bible hébraïque originelle). Mais par la prière, surtout la récitation du *Shemà Israël,* on vainc le mauvais esprit et on clarifie le bon élément qui subsiste malgré tout dans le mélange imparfait du Targoum : ceci est le travail de la deuxième moitié de la nuit. De cette manière « on réinsère le Targoum dans la langue de la sainteté ».

Après l'arrachement de l'âme spirituelle au sommeil malfaisant et grossier, identifié ici à la paraphrase araméenne (par contraste avec le texte hébreu authentique de la Révélation), la seconde partie de la nuit est *inversée,* grâce à la prière pénitentielle, en plénitude du bien [1]. Cette seconde moitié « intègre le jour (l'hébreu, la langue de sainteté originelle) et la nuit (la traduction en langue vulgaire) qui désormais éclairera comme le jour ».

L'aspect dégradé de la révélation divine (l'exégèse araméenne d'Onqelos faite à l'usage de la masse inculte des exilés en Babylonie) peut donc être réparé ; ce qui est restaurable dans le sommeil de l'âme sera recouvré par la pleine conscience gracieusement illuminée aux approches de l'aube. Depuis minuit se révèle au priant la charité première, qui est lumière du jour.

1. *Tov gamour.*

68

Par la plénitude de la langue de sainteté — incluant en soi le bien relatif, caché et endormi, avant le réveil de minuit, dans la traduction araméenne imparfaite —, les veilleurs pénitentiels bénéficient de la « réparation de l'alliance ». Cette dernière est identique avec la « sainteté de l'accouplement » sexuel. « Voilà pourquoi le temps propice au coït se situe après minuit, comme chacun sait » rappelle notre ouvrage aux fidèles contrits... (p. 24). L'homme et la femme, les deux moitiés de la nuit, l'hébreu et l'araméen, la poésie et la prose se conjuguent au rythme de la mi-nuit pour hâter la venue du Messie.

Quand on parle des rapports si complexes de la charité et de la rigueur avec le masculin et le féminin dans la tradition hébraïque, il faut retrouver en son for intérieur certains principes qui, de prime abord, peuvent sembler paradoxaux. Cependant, c'est seulement pour avoir éprouvé en soi ces évidences, s'être souvenu de ces intuitions fondamentales en les *goûtant* vivantes dans son âme, qu'on cesse d'être un homme étranger à l'intime connaissance du temps, qui conditionne le savoir-revivre d'Israël.

Il s'agit d'adapter notre regard à la vision de celui qui « se souvient de l'œuvre du commencement » (ou des prémices du monde). Celui qui se souvient (*zokher*), c'est le père, l'amant, le mâle (*zakhar*). Par le canal de sa charité où se confondent grâce et tendresse — les vertus essentielles du monde à venir —, il engendre l'élément femelle, la mère. Celle-ci constitue la substance réceptive et exigeante émanée du père, afin de permettre sa descente, son action dans notre monde actuel. Au nom de sa demande insatisfaite et parfois insatiable, la femme agit par essence dans le monde présent, caractérisé par la pénurie. C'est pourquoi ses qualités premières sont la colère et la justice stricte [1], attributs assez inattendus, à première vue, chez le sexe faible... La mère est suscitée par le père, afin de le recevoir et de le garder en elle-même jusqu'à la manifestation — l'épiphanie — du fils. Ce n'est pas par hasard que l'unique fille de Jacob-Israël s'appelle Dinah, (de *Dîne*, le jugement). D'elle est issue, après son viol et le drame collectif de Sichem relatés dans Genèse XXXIV, la mystérieuse treizième tribu d'Israël, dont la perte et la réintégration finale constituent la trame et l'objet caché de l'histoire exilique du peuple juif, selon la tradition midrachique.

Le principe mâle se distingue par sa miséricorde ou « matricialité [2] ». En hébreu ce mot dérive de « *ré'hèm* », matrice, qui est du genre masculin dans la langue sainte. C'est l'époux « matricordieux » qui fait surgir de soi la féminité, affectée d'abord de rigueur [3], c'est-à-dire d'une vertu héroïque et proprement virile ! On

---

1. *Dîne.*
2. *Ra'hmanouth.*
3. *Gvourah : guibor,* c'est le héros ; *guévèr,* l'être viril.

peut dire que le père, l'époux, l'amant, est la vraie matrice de la mère courroucée et sévère, encore inassouvie en son principe. Mais, dans le ventre de colère de la femme originelle, fait irruption, à l'heure des noces, la bonté du mâle, qui console [1] l'épouse en la « connaissant » avec amour et joie. Ainsi le temps lumineux du poème console et « matricie » la durée soucieuse de la prose féminine, qui l'enveloppe d'ombre de toute part. C'est pour susciter l'œuvre de la femme que le mâle, quand il se dévoile en elle, s'y fait tendre et compatissant [2]. Certes, la femme initiale, créature stérile, isolée, est par définition source de jugements rigoureux : elle se comporte ainsi par l'effet du manque qui la caractérise au départ, lorsqu'elle existe dans l'insatisfaction, rongée par l'angoisse de son vide. En hébreu, le mot *nekévah*, femelle, signifie : trou.

« Le côté gauche de l'arbre séphirotique, côté de la rigueur, de la passivité, de l'élément féminin, n'a de valeur que dans son union au côté droit. Le côté gauche (féminin) ne constitue pas *de lui-même* le mal, mais [...] il devient démoniaque [...], il s'aliène dès qu'il s'isole [3]. » Par contre, dans l'être féminin comblé, il y a la présence du père de toute compassion. Il « inhabite » le vide

1. *Mena'hem*, celui qui console. C'est un des noms du futur Messie d'Israël.
2. *Ra'hmane*.
3. Eliane Amado-Lévy Valensi, *les Niveaux de l'être*, PUF, 1962, p. 159.

utérin et le remplit de sa charité, dissipant ainsi la tristesse de sa condition première. Dans cette connubialité, la femme *acquiert* effectivement sa propre matrice ; pour l'enfant à venir elle devient à son tour consolante, dispensatrice de plénitude, à l'exemple de l'amant. Dès qu'elle est fécondée, remplie par la grâce matriciante du mâle, elle accède avec lui à la « mémoire de l'œuvre du commencement ». Comme le Buisson Ardent est habité par une flamme qui ne le consume pas, ainsi va s'illuminer la prose lorsqu'elle est embrasée souterrainement par le feu du poème.

L'amant se conduit avec sa femme comme le père avec les fils dans la liturgie du Nouvel An. Si Dieu nous cite en jugement devant lui ce jour-là « en tant que fils, alors qu'il ait merci de nous comme un père a une matrice (de compassion) pour ses fils [1] ». La Genèse nous raconte qu'Abraham, l'être de charité pure, et son fils Isaac, l'homme soumis au jugement rigoureux, quand ils montèrent pour le sacrifice ultime au mont Moriah, « ils allèrent, tous les deux, comme un ». La psalmodie du texte relatant la ligature d'Isaac fait partie du rituel de Rosh Hashanah. C'est dans ce contexte qu'il faut comprendre nos

1. *Ke ra'hèm av 'al banim.*

72

remarques, d'apparence paradoxale, concernant l'unité bipolaire de la parole nuptiale, et l'alternance de la prose avec le poème dans l'écriture plénière.

Au chapitre XXII de la Genèse, c'est d'abord Elohim — Dieu manifesté sous l'aspect de sa rigueur — qui exige d'Abraham l'holocauste d'Isaac : « Prends ton fils, ton unique, celui que tu aimes, Isaac » (v. 2). Il joue précisément sur l'amour d'entrailles du père pour le fils de sa vieillesse, afin d'éprouver et de tenter Abraham. Mais la volonté divine la plus profonde, la voix intérieure et seconde qui reste sous-jacente au récit biblique, émane du « messager de YHWH ». Soudain ce dernier *arrête* la sacrifice d'Isaac dans un appel plein de tendresse : « N'avance pas ta main sur l'enfant, et ne lui fais aucun mal ; car je sais maintenant que tu ne m'as pas refusé ton fils, ton unique » (v. 12). Il s'agissait en somme d'une rivalité d'amour, d'un tournoi entre YHWH et Isaac pour conquérir le cœur déchiré mais offrant d'Abraham. L'épreuve passionnelle surmontée, la voix matricielle de YHWH annule immédiatement l'ordre cruel lancé par Elohim. L'intervention directe du « messager de YHWH » *inverse* le sens du processus sacrificiel primitif.

De manière semblable, après avoir permis au Pharaon d'opprimer puis d'exterminer les

Hébreux sans élever la voix — laissant ainsi régner sur l'Egypte du Pharaon la nécessité historique inhumaine, qui ira jusqu'au génocide —, Dieu tout à coup « regarda les enfants d'Israël et il en eut compassion » (Ex. II, 25). Il descend lui-même dans l'enfer concentrationnaire égyptien, afin d'en tirer le peuple qu'on assassine, lui ouvrant largement les portes de l'avenir. Israël renaît dans une matrice de charité, il reçoit une vie nouvelle du sein aimant du Père. Au milieu d'un univers païen soumis à la justice stricte, la même volonté bienveillante édictera les lois de bonté gratuite concernant l'étranger, l'orphelin, la veuve, le nécessiteux, l'esclave, « car vous avez été étrangers dans le pays d'Egypte » (Lév. XIX, 34). Elle libère la victime et brise le déterminisme économique qui l'écrase dans l'ordre socio-juridique normal de ce monde, où ne règne nulle « crainte de Dieu », nul égard pour le visage désarmé d'autrui.

Dans l'épisode célèbre du jugement de Salomon (I Rois, III, 23-28), l'épée qui doit départager les deux « femmes prostituées » lorsqu'elles se disputent l'enfant survivant, incarne évidemment la voix d'Elohim. Son tranchant représente la rigueur du jugement céleste. Mais le but de cette épreuve de force instituée par le Roi, lieutenant et porte-parole de Dieu, est de faire jaillir la seconde voix : celle de la tendresse et de la grâce. Soudain la compassion de YHWH sort de la bouche de « la femme dont le fils était vivant. Elle sentit ses entrailles s'émouvoir pour son fils et elle dit au roi : "Ah, mon Seigneur, donnez-lui l'enfant qui vit, et ne le faites pas mourir." » C'est la voix de l'amour-charité de YHWH, celle qui arrêta jadis le couteau d'Abraham déjà levé sur la gorge innocente d'Isaac. Le roi, intentionnellement appelé « mon Seigneur » (Adoni), joue ici *les deux rôles* attribués à Dieu dans le drame éternel de la rigueur et de la grâce : « Donnez à la première l'enfant qui vit, et ne le faites pas mourir, ordonne le roi ; c'est elle qui est la mère ! » L'omniscience du cœur aimant, « la sagesse de Dieu qui était en Salomon » (v. 28), fait triompher de manière évidente la vertu de *'héssèd* sur celle de la justice rigoureuse, qui l'aurait conduit à « couper en deux l'enfant qui vit, pour en donner la moitié à l'une et la moitié à l'autre ». (v. 25).

Le verdict clairvoyant de Salomon nous permet de faire la différence entre la « justice de Sodome » dont l'iniquité féroce se fonde sur une stricte équité formelle, et la « justice de YHWH » où parle le sentiment quasi maternel du Père céleste, qui s'exprime à travers le cri d'angoisse de la véritable mère terrestre.

La « justice de Sodome », qui se profile comme un stratagème de la grâce à travers le premier ordre du roi, consiste à partager équitablement l'enfant vivant en deux moitiés identiques. Le but déclaré de cette sentence impartiale est à la fois de dédommager et de réconcilier les deux plai-

deuses rivales, mises cyniquement sur un pied
d'égalité du point de vue strictement juridique.
Que l'enfant soit assassiné dans ce processus vic-
timaire serait un détail sans importance pour les
juges intègres de Sodome ! Le contraste entre les
deux justices possibles fait ressortir avec
d'autant plus de force l'intention réelle de
YHWH, qui détermine et guide l'action de Salomon. Eludant d'avance la problématique dualiste
dans laquelle s'ancre toute la thèse de René
Girard, la stratégie du roi *brise* précisément
l'engrenage de la rivalité mimétique, aboutissant
au sacrifice de la victime émissaire. Elle arrête la
fatalité du meurtre, que décrit et dénonce admi-
rablement l'auteur de *la Violence et le Sacré*. Au-
delà de la *mimesis* sanguinaire, fille de l'envie et
de la haine, le roi réussit à faire éclater aux oreilles de son peuple la voix utérine de YHWH,
pleine de compassion et de bonté désintéressée.
Dans son amour, la vraie mère est prête à renon-
cer à son enfant. Elle ne plaide pas pour elle-
même, mais pour lui seul : « Donnez-lui (à la
fausse mère, menteuse et meurtrière) l'enfant qui
vit, crie-t-elle, et ne le faites pas mourir ! (v. 26). Ce
qui compte pour elle, comme pour YHWH, c'est
avant tout la vie de l'être innocent. Mais l'épée
menaçante d'Elohim, suspendue sur le corps nu
de la petite victime, était d'abord nécessaire pour
que la voix seconde, celle de la charité, puisse se
faire entendre pleinement sur une terre que souil-
lent les péchés des hommes.

76

Selon une parabole talmudique, les gens pervers de Sodome, dont le génie légaliste était aussi développé que la méchanceté, appliquaient strictement la loi de l'hospitalité. Lorsqu'un voyageur se présentait le soir aux portes de leur ville, ils s'empressaient de le faire coucher dans un lit spécialement réservé à cet usage par leurs magistrats. Cependant, sous prétexte de faire respecter le règlement municipal jusqu'au bout, ils sciaient, à leur hôte de trop grande taille, les pieds qui dépassaient la mesure exacte de ce lit de Procuste judiciaire ; ou bien ils écartelaient consciencieusement l'infortuné qui ne réussissait pas à le remplir jusqu'à ses dernières limites. La loi de Sodome, c'est la loi. Comment concevaient-ils leurs justes rapports avec leurs voisins ? « Ce qui est à moi est à moi, et ce qui est à toi est à toi. » L'amour d'autrui — de l'autre sexe —, la sympathie pour le rival, le lointain toujours trop proche, étaient leurs moindres défauts [1]...

Remarquons que Procuste, dans le mythe grec, est un brigand solitaire, un hors-la-loi d'occasion qui terrorise et rançonne l'Attique à son gré, portant atteinte au bon droit d'une société idéalement vertueuse et juste. Le héros Thésée, fils et héritier d'Égée, roi d'Athènes, légitime redresseur des torts de la cité grecque, fera rentrer les

---

1. Voir à ce sujet les remarques du Maharal de Prague, dans son ouvrage *Derekh 'Haïm*, pp. 249-250, éd. Yahadouth, Bné-Brak Jérusalem, 5731.

choses dans l'ordre ancien. Il mettra hors d'état de nuire ce criminel monstrueux, mais somme toute marginal, dont les exploits amuseront l'imagination cruelle des enfants... Pour Athènes, délivrée de ce fléau, Procuste n'aura été qu'un accident de parcours sur le trajet de son histoire, où s'épanouira la belle nature humaine.

Dans le contexte subversif du Midrache, le magistrat de Sodome en personne, représentant légal d'une société fondée tout entière sur le crime, joue en public le rôle édifiant et sacré du tortionnaire : thème ô combien familier, dans les États policés de notre siècle ! Le bourreau sadique Procuste, ici, devient la *sainte Cité de Sodome*, le corps social organisé selon des principes de mort, fasciné par le viol, la mutilation, le rejet et finalement le meurtre d'autrui — dès lors qu'il ne connaît ni le respect de l'homme-frère, ni la « crainte de YHWH » qui est à sa racine.

On peut mesurer, dans toute son ampleur, la différence entre l'optique grecque et la vision juive sur l'origine, la nature, le sens et les effets du mal radical — la haine assassine de Caïn pour Abel, d'Esaü pour Jacob —, dans une collectivité humaine. Un simple accident technique, effrayant certes, et regrettable pour ses victimes, mais réparable : tel est le point de vue hypocritement neutre de Rome ou d'Athènes sur... Auschwitz, par exemple. Refusant d'éluder le problème de la rage meurtrière en le minimisant de cette manière et de se faire ainsi le complice tacite du tueur universel, le midrache talmudique dénonce une faille éthique énorme dans la Constitution qui régit la société inhumaine de Sodome-sur-mer-Morte... Cette fissure morale, irréductible à sa bureaucratie aveugle, traverse la *polis* de part en part, et la vicie. Abraham a beau discuter avec YHWH, le Dieu de la miséricorde et de la charité innée : il cherchera en vain « dix justes » pour sauver une ville où la Loi de Satan tient lieu de Tora, érigeant le juge lui-même en criminel *ex officio*. Sauf son propre neveu, l'Hébreu assimilé Loth (et encore...), il n'existe pas, sur place, de « bons Sodomites », philanthropes et hospitaliers. A une société dont la doctrine politique impie est issue de la Géhenne, le ciel ne peut répondre que par la foudre infernale : « Alors YHWH fit pleuvoir du ciel sur Sodome et Gomorhe du soufre et du feu, de par YHWH » (Gen. XIX, 24). Nous comprenons désormais pourquoi, en dépit de l'intercession trop charitable d'Abraham, le Dieu de la grâce a décidé de réduire en cendres et en sel amer ces villes impitoyables, devenues mauvaises jusqu'au tréfonds de leur être.

Si l'influx de la tendresse maternelle du Père engendre celle de la femme, sa créature, Dieu lui-même, dans les paraboles talmudiques, prend parfois des leçons de charité auprès de la mère-victime juive... On connaît le célèbre verset de Jérémie (XXXI, 15) : « Des cris sont entendus à Rama, des lamentations, des larmes amères.

Rachel pleure ses enfants. Elle refuse d'être consolée sur ses enfants, car ils ne sont plus. » Dans l'Introduction d'*E'ha Rabati,* Dieu, confronté à la destruction de Jérusalem, à l'exil du peuple décimé par les Romains, s'identifie justement à la souffrance de Rachel pleurant ses enfants : « Aussitôt la Pitié du Saint, béni soit-il, fut remuée et il dit : "A cause de toi, Rachel, je ferai revenir Israël dans son pays." Comme "Rachel notre mère", Dieu endeuillé pleure sur son peuple, sur sa maison détruite et sur soi-même : "Hélas, sur moi, hélas, sur ma maison ! Mes enfants, où êtes-vous ?" »

Alors que le mâle quête sa propre féminité occultée dans le corps séparé de son épouse, comme Adam s'accomplit en Eve issue de lui, la femme au contraire recherche l'homme *pour s'atteindre elle-même.* N'en est-il pas ainsi de la parole ? Champ clos du langage, le féminin est donc le centre indifférencié du couple Dieu-Israël, à la fois le lit et le lieu du désir des deux membres de chaque alliance nuptiale. La femme ET l'homme ont la femme — la parole — pour objet commun du désir.

Les Psaumes et les Prophètes sont très explicites sur la « maternité originaire » du Père : « YHWH m'a dit : Tu es mon fils, moi, en ce jour-ci, je t'ai fait venir au monde » (Ps. II, 7). Dans Isaïe XXV, 4, le Seigneur joue le rôle protecteur de l'oiselle pour ses petits, qui cherchent la sécurité sous ses ailes : « Tu as été un refuge pour le faible, un refuge pour le malheureux dans la détresse, un abri contre la tempête, un ombrage contre la chaleur. » Il n'est pas seulement le consolateur (LI, 12) ; sa main bienfaisante répare tout notre mal : « YHWH bandera la blessure de son peuple, il guérira la plaie de ses coups » (XXX, 26). Dans la prière du matin, Dieu est invoqué : « Père des matrices ! »

Lorsque Sion se plaint d'être abandonnée et oubliée, YHWH lui répond : « *Une femme oublie-t-elle l'enfant qu'elle allaite ?* » Peut-elle ne plus matricier le fils de ses entrailles ? Quand elle l'oublierait, Moi je ne t'oublierai pas » (XLIX, 15-16). « *Ra'hamim*, écrit André Neher, est le souvenir (et l'avenir) de l'amour par-delà la séparation et la mort. » « Avec un amour éternel j'aurai compassion de toi, dit ton rédempteur YHWH (LIV, 8). Isaïe nous présente enfin le tableau extraordinaire du terrible Dieu des Armées, transformé en nourrice, cajolant et berçant le peuple d'Israël racheté, rassemblé dans Jérusalem reconstruite :

« Et vous serez allaités ;
vous serez portés sur les bras,
et caressés sur les genoux.
Comme un homme que sa mère console,
ainsi je vous consolerai,
vous serez consolés dans Jérusalem,
vous le verrez, et votre cœur sera dans la joie

(LXVI, 12-14.)

81

Quand Moïse (Ex. XXXIII, 18-23), demande au Seigneur « de lui découvrir sa gloire », il répond : « *C'est ma bonté tout entière* que je veux dérouler à ta vue ! »

En méditant ces textes essentiels de la prophétie et de la poésie d'Israël, on mesure le ton de vérité intense des cris de David vieillissant, lorsqu'il apprend la mort de son mauvais fils Absalom, ce rebelle impénitent. On partage le deuil interminable de Jacob après la disparition de Joseph, l'enfant génial injustement préféré. Les pleurs que verse le jeune David sur son ami Jonathan tombé dans la bataille prennent tout leur sens. Pour redoutable qu'il paraisse de prime abord, l'austère *pater familias* juif, à l'exemple de YHWH son Dieu, ne serait-il pas surtout une bonne mère nourricière qui se dévoue entièrement à ses proches ? Jacob-Israël, le fondateur des Douze Tribus, se comporte toujours ainsi aux yeux de ses quatre femmes et de ses treize enfants, jetés par lui sans défense dans un monde où règne encore sans conteste Samaël, l'Esprit méchant d'Esaü...

A la ressemblance de son Créateur, le mâle hébreu épanoui, « réussi », tend à devenir lui-même *un père utérin*, chez qui la rigueur virile procède d'une charité propre à l'âme spirituelle, à la *neshamah* d'Israël. A ses yeux, la limite sévère fixée par les interdits mosaïques n'est que

1. Cf. *Contes du Talmud*, éd. Lattès, 1980, pp. 198-206.

la trace lisible de la bonté sans frontières du
Nom. La lettre stricte a fait depuis toujours acte
d'allégeance à l'amour, qui afflue vers elle depuis
son for intérieur : « Ecoutez-moi donc, maison de
Jacob, tout ce qui reste de la maison d'Israël, je
vous ai pris en charge dès mon ventre, je vous ai
portés dans ma matrice. » (Isaïe XLVI, 3.)

V

Dans l'épisode du Buisson Ardent, Dieu se désigne à Moïse sous le nom singulier d' « *Ehéiéh* » (je serai, je me ferai devenir). *Ehéiéh* correspond à la charité du père, à son aspect miséricordieux, à sa générosité sans bornes. Dans la Kabbale, la mère engendrée par le père est appelée *Binah* (l'intelligence analytique ; la pensée qui divise et critique, puisque douée d'une faculté de jugement redoutable). Or, lit-on dans le *Zohar* (I, 65b), « au moment de l'enfantement elle (la *Binah*) est appelée « Ehéiéh [...] car elle enfantera et affermira toute chose. Après l'enfantement, chaque degré revient à sa place [1] ».

A la naissance d'un enfant, c'est-à-dire au moment de l'avenir indéterminé, l'aventure humaine s'ouvre entièrement sur l'inconnu. A ce moment précis, la mère en esprit (*Binah*) — l'intelligence binaire rigoureuse, fécondée par Ehéiéh, le père du futur, source de toute grâce —

1. Cité par Eliane Amado-Lévy Valensi, *op. cit.*, p. 154.

s'appelle elle-même Ehéiéh, à l'instar du père ! Ici venue, l'analyse rejoint la puissance génératrice. Extraordinaire métamorphose de la rigueur en tendresse : à l'instant d'enfanter son fils, la mère coïncide avec le père, dont elle porte soudain le nom le plus intime, « Ehéiéh », proche du tétragramme YHWH lui-même. La rigueur féminine, de nouveau, se confond brièmement avec la charité mâle, la force de rupture et d'engendrement de l'amour, sans cesse en mouvement, dont elle est issue « dans les prémices ». Nous avions déjà souligné cette parenté, à propos de l'alliance intempestive d'Abraham avec Abimelech, roi des Philistins [1].

Dès que l'existence individuée de l'enfant nouveau-né va commencer à se dérouler, se reconstituent en lui — comme en chacun de nous sur terre — les niveaux distincts de la réalité manifestée : dans la multiplicité fatale retrouvée par *Binah*, après le moment unique et bienheureux de l'enfantement, « chaque degré revient à sa place », précise le texte cité du *Zohar*. « Mais dans son principe, cette individuation ne doit pas être morcellement. Elle se rattache à l'unité irréfragable du Père céleste, lequel confère à Binah elle-même cette unité [2]. »

Que faut-il déduire de ces réflexions ? Lorsque nous parlions de l'unité bipolaire que réalise le

---

1. Cf. pp. 48-49.
2. *Les Niveaux de l'Être, op. cit.*, p. 154.

86

masculin avec le féminin, de la grâce et de la rigueur, de l'amour et de la loi dans la tradition hébraïque, nous péchions par excès de simplification. Dans la réalité dynamique de la vie du sexe et de l'esprit, plutôt que *deux pôles* complémentaires, ce sont en vérité *quatre éléments* qui entrent sans cesse en jeu. Puisque YHWH se manifeste en tant qu'Elohim au moment de la Création du monde, et *Binah* — la rigueur — se nomme tout-à-coup Ehéiéh (YHWH) — la grâce — à l'heure de l'enfantement, il y a échange *dans les deux sens*, lien conjugal *redoublé* entre la vertu de charité et la vertu de rigueur, entre la prose et la poésie. Ce rapport réciproque, dans la sexualité comme dans la vie spirituelle, définit seul l'amour humain. Dans tout mariage réussi, c'est *un couple à quatre têtes* qui s'étreint, chaque nuit, pour engendrer la durée future du monde !

Eros, dans son élan unique, embrasse à la fois la vision et l'amour. La vue de ton corps aimé est violemment érogène : me frappant d'une sorte de stupeur jubilatoire, elle me rappelle, dans l'immédiat de la vision, le pouvoir de surrection glorieuse d'un être humain incarné comme je le suis moi-même, devenant soudain capable d'assomption céleste. La vue du corps aimé est le commencement de l'accomplissement de la promesse. En elle se révèle l'étincelle qui habite cet être-là — le tien —, tissé d'une chair déjà transfigurée à mes yeux. Cette étincelle te fait déjà rayonner devant ma face, comme soulevée au présent par la gloire divine vers la joie du monde à venir.

Ce qui me ravit et m'étonne dans la contemplation heureuse du corps aimé, c'est le souvenir soudain ravivé de YHWH dont le corps céleste brille *entre* toi et moi, ici et maintenant, ce jour même. Allégresse et érection irrésistibles de tout mon être, galvanisé dans mon lieu charnel et spirituel, unifié au plus profond par la lumière de l'émanation sensible, mis triomphalement en puissance d'avenir, envahi d'au-delà, déchiré par l'absolu qui me transporte vers toi.

De là vient le danger, aussitôt, de l'idolâtrie, quand ressuscite le rêve antique de rendre un culte à ce beau corps féminin, trop immédiatement visible dans l'espace ! Parallèlement naît le risque de l'oubli, le refus de la splendeur, si lente et si cachée, des êtres latents qui émergent inconnus dans le temps ; le mépris ou le déni de la gloire immature d'autrui, en gestation sans fin, qui tarde à nous apparaître au grand jour de midi, mais nous laisse dans le tourment, nous déchire et nous lamine dans l'attente insupportable...

Nous sommes vite tentés de préférer, à cette agonie temporelle, la merveilleuse sidération dans l'espace et dans l'instant immobiles. Cette générosité nous plonge dans une stupeur bien-heureuse car elle est semblable, mais sans plus, au rassasiement. Au contraire, la passion inassouvie, étirée dans le temps, écartèle mon regard frustré entre l'absence d'avant et le vide d'après, entre néant et néant.

Sous la luxure opaque et la volonté de puissance, la charité. Dans la dure volupté de dominer, la tendresse et la grâce. « Apprends à préférer ce qui t'est étranger ! » L'essentiel, ici-bas, doit se faire par un détour. Le chemin de la terre promise passe par le désert, car l'autre, le chemin direct vers Canaan « était trop court », souligne le livre de l'Exode. Ce détour, c'est celui de *'héssèd*, la charité des entrailles paternelles. Ainsi l'amour entre nos deux corps différents, ces enfants royaux, mais étrangers de naissance, est d'abord un détour patient et douloureux par le chemin du désert. La soif des amants s'y abreuve du désert même, où jaillira la source hors du roc dans le sable, tardivement, vers la mi-nuit.

Que disait donc Kafka de l'aboutissement ultime de ce chemin-là ? Qu'il ne serait qu'une avancée continuelle jusqu'au fond du désert, puisque à part l'exil en Egypte et la plongée sans fin dans le désert, « il n'y a pas de troisième pays pour les hommes » (*Journal*, 28 janvier 1922). Ainsi l'unique terre promise, pressent Kafka, c'est la perte dans le désert lui-même. Mais là il se trompe. Le détour par le chemin du désert ne se fait pas sous le règne exclusif de la sévérité et de la colère. Par l'effet de la charité, de la tendresse gratuite, tu nous fais passer ce jour en jugement : « Si c'est comme des fils, alors tel un père qui a une matrice (de compassion) pour ses fils, — si c'est comme des esclaves, alors nos yeux sont rivés sur toi jusqu'à ce que tu nous gracies, et que tu fasses sortir au jour le jugement de merci. »

Le cœur féminin rigoureux, le sein maternel de la colère n'est mué en tendresse de pitié [1] que s'il est fécondé, habité par le principe de charité paternel. Le noyau premier de la grâce se confond avec l'étincelle mâle germant au sein de la cavité utérine. Isolée ou désertée, la femelle n'est souvent qu'exigence amère et sans fin, récriminations, fureurs, jugement tranchant né de l'insatisfaction perpétuelle : le contraire de la charité graciante et sans limites de la sœur-épouse, assouvie à la fois par l'homme-frère, et par la jouissance de leur commune maternité.

Telle Hanna, la femme stérile, dépressive et anorexique d'Elkana, avant sa grossesse miraculeuse et la naissance de Samuel : « [...] Elle pleurait et ne mangeait point [...] Et elle, l'amertume dans l'âme, pria devant YHWH et pleura abon-

----

1. *na'hamim.*

90

damment [...] Eli (le grand-prêtre) pensa qu'elle était ivre et lui dit : "Jusqu'à quand seras-tu dans l'ivresse ? Fais passer ton vin". Hanna répondit : "Non, mon seigneur, je ne suis qu'une femme qui souffre en son cœur [...], c'est par l'excès de mon inquiétude et de mon chagrin que j'ai parlé jusqu'ici". Eli reprit la parole et dit : "Va en paix, et que le Dieu d'Israël exauce la prière que tu lui as adressée" » (I Samuel, 7-17).

« Dès qu'il cesse d'être invention, dès qu'il cesse d'être accomplissement, le temps est, pour le sujet qui le vit, la mesure de son mal, le lieu essentiel de ses souffrances... Chez le psychotique — surtout dans certains cas de schizophrénie — les différents plans sont moins *atteints* que *confondus...* mêlés, inversés » dans une redoutable dischromie intérieure [1].

Le mal mental commence à la séparation radicale, en chacun, du féminin et du masculin, de la rigueur et de la charité, qui sont *Un* dans le principe : « S'ils se dressent l'un contre l'autre, "Malheur au monde sur lequel descend la Justice !". "Lorsque le sanctuaire est profané, lorsque le mâle s'éloigne de la femelle et que le serpent puissant commence à se réveiller, malheur au

1. Eliane Amado-Lévy Valensi, *le Dialogue psychanalytique,* PUF, 1962, pp. 135-136.

91

monde qui doit se nourrir de Tzedek [1]". » Au temps chaotique de la perte et du déchirement de soi que décrit ce passage étonnant du *Zohar*, s'oppose « l'instant où l'homme cesse d'être à côté de lui-même, ... celui de la connaissance adéquate et de l'amour heureux [2] ».

Dans ce contexte, s'impose à l'esprit la distinction capitale qu'effectue Eliane Amado-Lévy Valensi entre l'intuition grecque du *kaïros* et celle du *zemane* ou "temps hébraïque" : « Ce qui différencie le *kaïros* grec du *temps* de l'Ecclésiaste, c'est que l'un est le temps de l'opportunité, l'autre celui de l'accomplissement. Le *kaïros* grec immobilise l'occasion de la fluence ennemie du temps qui s'écoule [3], il arrache un instant aux durées érosives. Le '*zemane*' des Hébreux emploie la durée elle-même, il fait partie de sa substance... pour enfin déboucher sur l'histoire. Ce n'est pas le temps fugace d'un rapt, l'instant subreptice de l'occasion arrachée. C'est celui d'une durée assumée, celui d'un destin en passe de s'accomplir [4]. »

---

1. Terme hébreu désignant la justice stricte et rigoureuse.
2. *Les Niveaux de l'Être, op. cit.*, p. 479.
3. Cf. à ce sujet nos remarques sur l'instant poétique chez G. Bachelard, p. 33.
4. *Les Niveaux de l'Etre, op. cit.*, pp. 492-493.

On ne pourrait formuler de façon plus éclairante la différence intérieure, fondamentale, entre le monde perdurable, toujours renouvelé, de Jacob, et le monde en miettes d'Esaü, qui méprise son temps mortel et vend l'aînesse à son frère. Cette analyse permet de comprendre pourquoi l'office du soir (*Maariv*) commence par une méditation sur l'articulation du temps, et insiste sur la distinction dans l'unité et la complémentarité indispensables entre les périodes alternantes que nous accueillons : « Toi qui tues et qui fais vivre [...] par ton intelligence tu changes les temps et tu substitues les époques... Créateur du jour et de la nuit, tu fais succéder la lumière aux ténèbres et les ténèbres à la lumière, tu fais passer le jour et tu amènes la nuit, tu distingues entre le jour et la nuit... »

A travers une telle succession, quotidienne et banale, on entend déjà, comme au jour promis des noces messianiques, résonner, en se répondant, « dans les villes de Juda et dans les rues de Jérusalem, la voix du fiancé et la voix de l'épousée » (Jérémie XXXII, 11). Ainsi commence à s'accomplir aujourd'hui même l'annonce du monde à venir où, dit le prophète (v. 22), se réalisera dans l'union charnelle parfaite ce qu'aucun œil n'a encore vu : « Reviens, vierge d'Israël [...] car YHWH crée une chose nouvelle sur la terre : *alors la femelle entourera le mâle* », comme le profane le saint, la semaine le sabbat, la nuit le jour, la prose le poème.

Dans une étude inédite [1], Henri Atlan rappelle ce verset d'Isaïe : « Formant la lumière et créant les ténèbres, faisant la paix et créant le mal, moi YHWH je fais tous ceux-là. » (XLV, 7). Il le commente ainsi : « La coexistence paradoxale de deux propriétés opposées exige un acte de création spécial — *briah* — qui, (par définition ?), serait requis pour assembler dans le même monde la lumière et l'obscurité, le bien et le mal. » A un tout autre niveau d'existence, n'en va-t-il pas de même pour l'œuvre littéraire, qui conjugue ou « assemble dans le même monde » du langage écrit, la prose et le poème ? Ne requiert-elle pas, elle aussi, à sa façon, « un acte de création spécial » et hors du commun ?

« Et il y eut soir, et il y eut matin : jour un » (Gen. I). L'unité bipolaire manifestée en premier lieu dans les deux lettres H symétriques du Tétragramme divin YHWH, se trouve non seulement enseignée dans la Kabbale, mais à tous les niveaux de l'exotérisme et de la pratique traditionnelle.

Comme la conscience angoissante du monde présent ne peut se soutenir que par notre mémoire en attente du monde à venir, la sanctification sabbatique associe le vin d'origine céleste

1. *Souls and Body in Genesis,* sous presse 1982.

et le pain sorti de la terre. La bénédiction se fait sur deux miches d'offrande tressées [1] placées côte à côte, entre les deux mains serrées du célébrant. La bénédiction sur la lumière du sabbat est prononcée par la femme, un peu avant le coucher du soleil, en présence du mari, devant deux chandeliers allumés qui se font face. S'il entre en relation dialectique avec les six premiers jours « prosaïques », les temps profanes de la Création, le sabbat est de l'ordre du poème, stable, libre et plein comme lui, « jour mémorial de l'œuvre du commencement, souvenir de la sortie d'Egypte », selon les termes magnifiques du *Rituel*.

A la fin du sabbat, la « distinction » cérémonielle avec les jours ouvrables se fait, de nouveau, dans le souci de l'unité et de la complémentarité des sept jours de la Création totale... La louange du samedi soir s'adresse au roi de l'univers, « qui distingue entre le saint et le profane, la lumière et les ténèbres, Israël et les nations, entre le septième jour et les six jours de l'Oeuvre ». Enfin, on aspire l'odeur des aromates, en bénissant celui qui « a créé les différentes sortes de baumes », tous réunis dans la même boîte à parfums sabbatique.

Dans les passages décisifs de l'Écriture, se manifeste, toujours sous tension, l'unité bipolaire des réalités duelles mises en présence. Dans

1. *'halloth.*

l'Exode, par exemple, le *feu* de la Présence habite l'épaisseur du *buisson* d'épines aperçu de loin par Moïse dans les dunes du désert : « L'ange de YHWH lui apparut dans une flamme de feu, au milieu du buisson. Moïse regarda ; et voici, le buisson était tout en feu, et le buisson ne se consumait pas... Et Elohim l'appela du milieu du buisson et dit : Moïse, Moïse ! et il répondit : Voici moi » (III, v. 2-4).

Dans la théophanie du Sinaï c'est au milieu de la fumée, de la brume obscure, de la nuée opaque que se dévoile l'être igné de Dieu : « La montagne de Sinaï était toute en *fumée*, parce que YHWH y était descendu au milieu du *feu* ; cette fumée s'élevait comme celle d'une fournaise [...] (XIX, 18). « Moïse avança vers la *brume obscure*, là où était *Elohim* » (XX, 21)... « Le septième jour *YHWH* appela Moïse du milieu de la *nuée* » (XXIV, 16)... « *YHWH* descendit dans la *nuée* » (XXXIV, 5).

Quant aux deux lettres H (*Héh*) du Tétragramme évoquées plus haut, ce sont celles où se révèle directement le respir qui crée sans cesse le monde : au souffle spirituel s'ajoute comme un support la respiration corporelle. Cette lettre — signe de l'article défini en hébreu — constitue le principe et le mystère de la parole d'Israël. C'est pourquoi le H de la respiration est ajouté au nom d'Abram comme à celui de Saraï, pour effectuer leur mutation d'identité absolue en AbraHam et SaraH, couple fondateur de la lignée messianique.

Le rapprochement nuptial des amants, qui d'abord se fuient et se poursuivent comme les voix d'une fugue dans un ample contrepoint, embrase la fin du Cantique des Cantiques : « Je suis à mon ami, et mon ami est à moi, le berger parmi les roses » (VI, 3).

La poésie biblique achevée [1] conjugue les mouvements [2] de *marche* invisibles des voyelles non écrites, avec la stabilité des lettres-consonnes fortement tracées qui édifient la strophe ou *maison* [3] du poème hébreu. De même manière, il est enjoint à tout Israël de se dire la parole de Dieu, et de l'enseigner à autrui, tantôt « en *marchant* sur le chemin », tantôt quand il « est assis dans sa *maison* ». La *voix* de la Tora n'est pas seulement pour lui un « Arbre de Vie » vertical, un « Arbre-Fruit » parfait où se rejoignent dans l'absolu la dure réalité du monde présent et la promesse déjà mûre de l'avenir [4]. Cette voix engendre aussi « la longueur de tes jours »,

---

1. Le *dibbour*, — langue vive — s'y exalte en *shir*, le poème qui « se chante lui-même ».
2. *Tenou'oth*, mouvements ou voyelles en grammaire hébraïque.
3. *Bayith*, strophe et maison en hébreu.
4. Cf. Deut. VI, 7 ; Gen. I, 11 ; Prov. III, 16, 18, 21. Voir également l'étude récente de Marc-Alain Ouaknin, « Le chemin et la demeure », in *les Nouveaux Cahiers*, n° 66, automne 1981, pp. 21-27.

« les années de vie et de paix » qui se succèdent horizontalement dans le temps.

Ces versets extraits des Proverbes s'éclairent à la lecture du Deutéronome (XXX, 26) : « ... Aimer YHWH ton Elohim, écouter sa voix en t'attachant à Lui, c'est là ta vie et la prolongation de tes jours, tant que tu habiteras sur le sol » de la promesse divine faite aux patriarches. « Ta vie » : dans l'éclair intemporel où se manifeste l' « Arbre de Vie », en sa splendeur instantanée. « La longueur de tes jours » : dans le déroulement concret de ton existence, à travers son pénible cheminement quotidien.

C'est dans l'alternance entre la stabilité de la « maison » ou strophe écrite du poème, et l'errance de la prose aux voyelles illisibles toujours en quête d'avenir — entre l'Arbre de vie vertical et la procession des saisons humaines fuyant vers l'horizon à ras de terre —, que la parole réparée, enfin guérie de son ancienne brisure, s'accomplira dans sa plénitude.

Comment pouvons-nous distinguer l'errance à vie de la course à la mort ? Seule l'extase mêlée de tremblement où le précipite l'appel divin — « Va-t'en par-devers toi, loin de ton pays ! » — donnera à Abraham le courage de l'errance à vie. De même, Moïse ne commencera sa mission rédemptrice auprès des esclaves hébreux, en

Egypte, que soulevé et propulsé dans l'histoire par la vision extatique du Buisson Ardent où parla l'ange de YHWH. Israël, enfin, n'entreprendra la conquête de Canaan, n'affrontera vraiment l'aventure de sa propre destinée, qu'après la transe poétique liée au Chant de la Mer, suivie de l'extase prophétique collective où le plonge l'épiphanie de YHWH au mont Sinaï. Il se met en marche seulement parce qu'il a « vu les voix » dans le feu du ciel.

Comme le poème, dans son principe, a la préséance sur la prose, l'extase, toujours, conditionne spirituellement l'errance qu'elle précède, à laquelle elle seule donne son sens et sa finalité, en l'orientant vers « l'arrière des jours ». Sinon l'errance ne serait que perte et désespoir, répétition d'un exil absurde et sans fin, propédeutique inutile de la mort. Et même si cela était, « à jamais j'ai tendu vers toi ! ».

Entre les pointes des ailes des deux Chérubins couverts d'or pur qui se font face, telles la Rigueur et la Tendresse, au-dessus de l'arche sainte où reposent les tables de la loi, jaillit et retombe sans cesse dans l'oreille attentive de Moïse la parole vivifiante de YHWH-Elohim, comme choit la manne nourricière sur le sable toujours altéré, entre les hautes dunes du désert.

VI

L'an dernier, pendant la semaine pascale, au cours d'une promenade à bicyclette faite avec ma femme en forêt du Rhin, près de Strasbourg, s'est ébauché dans mon ouïe et dans ma gorge le poème « Pâque de la Parole [1] », dont certaines strophes évoquent directement cette balade à travers jardins ouvriers, prairies et bois en fleur. Peut-on dire que le texte conçu « en ce jour-là » est, selon la question posée par une lectrice amie, « le résultat poétique de ma promenade » ? En réalité, « Pâque de la Parole » n'est pas un effet d'écriture qui suivrait, dans l'ordre de l'intériorité, notre excursion à vélo du côté de la Wantzenau. Il n'est pas non plus l'écho d'une ancienne « émotion rappelée dans la tranquillité », comme l'a prétendu naguère William Wordsworth.

Le poème n'est pas un « résultat » : en lui s'enracine la cause de l'expérience vécue à la faveur de cette journée-là. Cela peut paraître

1. Paru dans *Solaire* n° 30, automne 1980.

paradoxal, à première vue, si l'on oublie le principe du Traité des pères, selon lequel « la fin de l'acte se trouve dans la pensée qui l'initie ». Dès l'origine, ce poème en puissance est inscrit en filigrane dans le tracé corporel de ma promenade. Il est en un sens identique à la promenade elle-même : car en moi elle ne fut jamais autre chose que lui, dès l'instant où j'en ai fait l'épreuve temporelle accueillie de tout mon cœur et avec toute ma force vitale.

Ce que produit, ou restitue ultérieurement le texte, c'est l'actualité euchronique de la promenade comme l'illumination perceptuelle et conceptuelle réalisée d'emblée dans le champ de ma parole. Ce champ verbal est identique, dès le départ, à celui du regard, de l'ouïe, de l'odorat, du souffle, du mouvement de mon corps parlant dans l'espace alsacien familier depuis l'enfance, ouvert une fois de plus à la course à vélo devant l'homme depuis longtemps vieillissant. Par le poème, et en lui, le temps multiple de l'expérience, vécu d'abord dans le chaos polysémique des possibles sensoriels, se simplifie jusqu'à devenir *irréversible* : donc actuel, « présent » et nouveau pour toujours, sans les limites que l'oubli impose à la jouissance des instants déjà disparus à travers la durée, « car tu te rappelles toutes les choses oubliées, toi, il n'y a nul oubli devant le siège de ta gloire », dit le Rituel.

Le poème est donc avant tout une victoire sur l'amnésie de « ce jour-là » (et de chaque heure vraiment présente à elle-même, dans mon for intérieur), lorsque j'ai affronté sans masque protecteur le surgissement matinal du cerisier en fleur, ou accueilli en moi la forêt ensoleillée au crépuscule. Le poème ne reconstitue pas en mots, comme une mosaïque de syllabes rassemblées, la promenade à vélo initiatique qui aurait été silencieusement absorbée par l'âme plongée d'abord dans une extase muette. Le poème n'est pas fait de fragments de souvenirs survivant à la vie, à la promenade défuntes. Il n'en est pas davantage la trace, gravée pieusement dans le langage. Non, la promenade est déjà à demi parlée dans le poème qui s'articule dans ma gorge *ab initio*. Il émane d'elle comme les rayons issus du moyeu de la roue, la lumière de la couronne échappée au cœur battant du soleil, saisie et fixée par l'écrit dans l'éclat immédiat de son rayonnement primaire. Alors l'être de parole, comme l'a noté G. Bachelard, « est fondu dans la douceur d'une matière adéquate ».

L'élaboration seconde du langage, sa consolidation syntaxique et lexicale ont lieu « quand le moment est passé du maximum d'énergie », selon la formule suggestive de Goethe décrivant sa propre expérience poétique. Cette activité, de nature assez spéciale, suppose, pour aboutir au poème achevé, une volonté de présence passionnée, l'adhésion amoureuse de ma personne charnelle [1] à la triade : souffle ou « respir [2] », parole agissante [3], monde extérieur livré aux sens [4].

Ainsi, l'essentiel s'est déjà saisi réflexivement en moi. Il s'est respiré, conçu, prononcé en schémas de paroles encore faiblement articulées entre elles, mais déjà dites pourtant — formulées à l'état naissant, dans l'exaltation attentive d'une promenade qui est tout éveil. « En ce jour-là » ne s'effectue nulle reconstitution linguistique posthume, mais a lieu l'érection spontanée d'un château du langage particulier. Jouissance de vivre dans la vague unique du mouvement parlant corporel, les yeux grands ouverts, la bouche respirant l'air à flots pendant que nous pédalions tous les deux le long du Rhin sur nos vieilles bécanes rouillées aux garde-boue en acier chromé, tordus et couverts de bosselures.

L'extase des sens et celle de la parole ont lieu en même temps, dans un passage à l'acte profératoire qui exclut le remploi d'éléments rapportés, empêche la mise en œuvre intéressée de pensées secondes et recombinées. En ce jour, il y a épousailles du monde et du langage vivants. Il ne faut pas confondre le temps des époux avec celui des héritiers, celui de l'engendrement avec celui des

---

1. *Néfèsh.*
2. *Néshamah.*
3. *Dibbour.*
4. *Métziouth de 'olam hazèh.*

croque-morts. C'est toujours assez tôt qu'ils se mettront à l'œuvre, à l'heure où « la sauterelle sera un fardeau, et la câpre sera inutile, car l'homme va vers sa maison d'éternité, et dans la rue ont tourné les pleureurs, ... Et se brisera le vase en or, et se cassera la cruche à la fontaine, et se brisera la roue dans le puits, et retournera la poussière à la terre, comme elle a été... » (*Qohéléth*, XII, 5-7, trad. Henri Meschonnic).

Autrefois, dans l'Alsace de mon enfance, on voyait encore de nombreux calvaires dressés en pleins champs à la croisée des chemins, sur les vagues jaunissantes du blé, de l'orge, du colza, ou entre les corps de ballet obliques, des vertes houblonnières qui dansaient au gré du vent. Les croix de pierre étaient souvent très belles, ornées de sculptures qui dataient de quelques siècles. J'avais envie de les contempler, leur étrangeté me plaisait. Mais mon grand-père maternel Léopold, un vieux Juif alsacien d'extrace rurale, m'ordonnait de ne jamais m'arrêter devant elles au carrefour des sentiers ; je devais passer outre, en détournant rapidement la tête, même si je leur lançais à la dérobée un petit coup d'œil inquiet et ravi... Non, il ne fallait surtout pas y attacher mon regard : c'était la peur d'être fasciné par cette chose sans nom, inerte, haute et immobile comme un spectre apparu en plein air, à quelque distance de la terre, au milieu des récoltes, et qui se découpait là-haut dans le ciel à contre-jour, en le barrant d'un X funèbre, comme une brisure dans l'unité lumineuse du monde créé « ''Chass vé''-chollilé », s'écriait alors mon grand-père : pour exorciser cette menace latente, il jetait les bras en avant, paumes grandes ouvertes, en invoquant les bienfaits réunis de la *grâce* et de la *distance* divines, qui seules nous en protégeraient.

Les Christs baroques cloués sur ces calvaires taillés dans le grès rouge des Vosges étaient souvent teints des couleurs les plus vives. En été, le corps polychrome du supplicié rayonnait tout ensanglanté sur ma tête, au soleil meutrier de la canicule rhénane. Plus tard, il rougeoyait à feu bas dans la brume pluvieuse, puis s'éteignait avec les longues traînées violettes et noires au ciel des crépuscules de novembre. C'est pourquoi on avait coutume d'appeler cette apparition inquiétante, en patois judéo-alsacien : « *e gemoolder Daoulé* ». Le premier mot est d'origine germanique : « *gemalt* » veut dire peint, colorié ; l'autre vient d'un terme hébreu corrompu qui signifie « pendu » (*taloui*).

Jadis, en Alsace, les Juifs autochtones — dont je descends — pratiquaient entre eux un idiome à part, extrêmement imagé et savoureux, assez différent du dialecte alsacien commun. Instruits par l'expérience bimillénaire des persécutions et des brimades subies en terres de diaspora chrétiennes, dans notre douce Alsace comme ailleurs, ils se gardaient bien de mentionner nommément Jésus le Nazaréen : « *"Chass vé"-chollilé !* » Dix-huit siècles d'exil et la crainte du bûcher auraient suffi à les en dissuader : mais, nous le verrons, il y avait à leur réticence une raison intérieure, plus profonde et plus déterminante encore. Chez nous, on désignait donc toujours cette figure étrange par une litote prudente : l'homme qui est suspendu, celui qui n'appartient ni à la terre, ni au ciel. Comme la peinture populaire accentuait souvent les traits sculptés, profondément creusés du visage du Christ, soulignant tantôt son aspect cadavérique, verdâtre, ou au contraire sa beauté tout angélique et céleste, on l'appelait simplement : « le pendu peint ».

Dans cette expression curieuse se manifestait aussi la réprobation juive devant l'idole de pierre bariolée, qui violait l'interdit biblique : « Tu ne te feras pas d'image taillée, ni de représentation quelconque des choses qui sont en haut dans les cieux, qui sont en bas sur la terre... Tu ne te prosterneras pas devant elles, et tu ne les serviras point... » (Ex. XX, 4-5). Pour comble de scandale, ce personnage crucifié, suspendu et peint, comme le serait quelque idole païenne archaïque, représentait un jeune Juif mort : c'était un double mal aux yeux compatissants de mon grand-père, car « celui qui touchera un mort, un corps humain quelconque, sera impur... » (Nombres XIX, 11). Mon grand-père ne plaisantait pas avec les aléas de l'existence juive ; or, dans la tradition biblique la plus orthodoxe, la mort s'allie à une orientation d'être exclusivement mauvaise. Elle trahit, si l'on peut dire, un égarement condamnable. Tout contact avec elle ne peut que rendre impur un enfant d'Israël, plein de vie, de joie et de santé.

Ce qui a trait à l'anéantissement doit être soigneusement évité et fui. Il ne faut surtout pas lui vouer un culte, ne jamais se laisser gagner par la nostalgie de la mort. En sa présence, on luttera contre toute sentimentalité religieuse et funèbre, si l'on veut échapper soi-même à la tentation maléfique du néant : « Laissez les morts enterrer les morts », dit fortement Jésus dans l'Évangile, en écho à la tradition mosaïque. Voilà pourquoi personne n'a jamais su où se trouve le tombeau de Moïse. C'est par rapport au corps vivant de Jacob que le cadavre hébreu inanimé prend sa vraie dimension, et signale aux douze tribus toute sa profondeur d'impureté. La loi de l'alternance joue là également.

Accomplissant patiemment ce que le *Sefer Ha-Tanya*, l'ouvrage clé de la vie spirituelle dans la tradition hassidique appelle *bitoul ha-yesh* — l'annulation de l'étant — « la pensée juive... saisit immédiatement tout objet comme non obligatoire, non décisif en lui-même, comme objet valant par contrepoint, y compris dans le cas où c'est un contrepoint avec rien ». A l'inverse de la première, « la pensée non juive se laisse prendre à croire aux choses comme elles se présentent,

108

avec toujours un petit côté d'absolu, un vernis d'éternité ou de nécessité, d'universelle vérité. Il lui manque trop souvent ce sens... de la relativité des choses que donne à la pensée la totale immersion dans la temporalité [1] ». Réalisant périodiquement « la négation du donné et la possibilité de se détacher de lui », les Prophètes hébreux, arrachés à un monde fatal, « disposent mentalement *à la fois* d'un absolu et d'un relatif : d'un terme *hors de l'histoire* et du réel, qui est la volonté divine et la promesse de justice dans un avenir indéterminé mais certain, et d'un terme immergé *dans l'histoire* et dans le temps, qui est le réel tel qu'il se manifeste à eux » au cours d'une existence incertaine, pleine de troubles et d'impureté.

L'important, c'est la liberté liée à la « présence du négatif », car « si le monde est plein, il est nécessaire et immuable. Abraham n'a plus qu'à rester à Ur... Il n'est plus Abraham ». Contrairement au nomade, au prophète, au vrai voyant d'Israël, « seul l'insensé peut croire que ce qui *est* peut devenir la mesure de ce qui *sera* ou de ce qui *fut* ». Certes, la chance infime d'un cours nouveau du temps, sur laquelle mise la parole biblique, « n'est qu'une étincelle au cœur de la nuit éternelle, mais c'est cette étincelle qui est tout ». Cependant, lorsqu'il met l'accent uniquement

1. Olivier Revault d'Allonnes, *Musiques, Variations sur la pensée juive*, Christian Bourgois éd., 1979, pp. 50-51.

sur la primauté de l'expérience temporelle, Revault d'Allonnes pèche par excès de zèle. Il risque d'oublier un autre élément décisif, dont la présence façonne la réalité historique comme la pensée d'Israël [1].

Si le foyer intime de notre existence est situé dans la durée, n'oublions jamais que sans un espace bien à soi, l'homme ne dispose pas d'un temps vraiment réalisable où il puisse actualiser son histoire selon les nécessités concrètes d'un organisme vivant. Le corps humain, le corps social, doivent incarner leur temps dans un espace de vie et d'accomplissement indispensables. Sans cette adéquation à un lieu d'existence optimale, ils s'asphyxient ou se fossilisent, faute de pouvoir respirer à l'aise dans l'heure présente, selon la mesure juste accordée par la grâce d'en haut à toutes les créatures terrestres. Comme toute âme demeurée trop longtemps en exil étouffe ou s'éparpille en éclatant dans l'espace vide et mortel d'une Dispersion sans fin, ainsi elle s'épanouira, par un effet inverse et symétrique du premier, en reprenant pied et souffle sur la terre ferme de ses origines. En un mot, l'exil d'Israël n'aura eu de sens que dans la perspective du retour historique sur la terre promise à son avenir : ce rythme est notre seul roi.

1. « Quiconque réside en dehors de la terre d'Israël ressemble à quelqu'un qui est sans Dieu » (Talmud, *Ketouba* 110 b).

VII

La loi de l'alternance, le jeu de la bipolarité, se retrouvent dans la structure même des Écritures hébraïques. Au récit historique linéaire, aux longues généalogies qui revendiquent ou garantissent l'authenticité des familles à travers les siècles, aux anecdotes significatives, aux sévères prescriptions juridiques, font soudain place les explosions du chant lyrique, les débordements poétiques du cœur qui surabonde de joie ou d'angoisse maîtrisée.

Voltaire voyait dans ce type de structure la preuve de la barbarie littéraire des anciens Hébreux. Quelle hérésie, en effet, aux yeux des défenseurs du canon néo-classique ! Au milieu de textes narratifs, législatifs, géographiques, affirmant tout ce qui survient dans la succession matérielle des jours, voilà tout à coup ces fragments de poésie exaltée, ces concentrés d'énergie visionnaire muée en paroles qui projettent irréversiblement l'âme du peuple (et du lecteur contemporain) dans l'avenir sans frontières...

Après les horreurs de l'esclavage et du génocide égyptiens, les angoisses de la sortie d'Égypte — une terre funéraire et impure par excellence —, après les soucis quotidiens d'un long exode, les Hébreux épuisés, misérables, arrivent aux bords de la mer Rouge, traqués par les chars de Pharaon : « Et les enfants d'Israël eurent une grande frayeur, et crièrent à YHWH. Ils dirent à Moïse : N'y avait-il pas des sépulcres en Égypte, sans qu'il fût besoin de nous mener mourir au désert ? » (Ex. XIV, 10-11). La mer se fend sous la main de Moïse, ils la traversent à pied sec, et pendant qu'elle se referme sur les poursuivants, jaillit des lèvres de Moïse et du peuple le fameux Cantique de la Mer. Leur terreur était tantôt à son comble, ils entendaient déjà, s'approchant d'eux, le bruit des sabots des cavaliers de la mort, le crissement des roues de fer des chars, le bruit des flèches sifflant à leurs oreilles — et devant eux la Mer comme une tombe immense : elle s'ouvre, ils s'y engouffrent, pris de folie, ils « marchèrent à sec au milieu de la mer, et les eaux formaient comme une muraille à leur droite et à leur gauche » (v. 29).

Après cet effroi indescriptible, tout de suite éclate dans leur gorge le chant de la délivrance miraculeuse, « *en ce jour* YHWH délivra Israël de la main des Égyptiens ; et Israël, sur la lèvre de la mer, vit les Égyptiens morts... *Alors* Moïse et les enfants d'Israël chantèrent ce cantique à YHWH et dirent :

Que je chante à YHWH car il a surpassé sa hauteur,
Il a précipité dans la mer le cheval et son cavalier... »
(XV, 1)

Il faut souligner l'accent mis par le récit sur les circonstances précises, ce jour, cette heure-là, dans tel contexte d'événements ; après le dernier vers de l'hymne :

Et dans le milieu de la mer, les fils d'Israël, sur le sec,
[ils ont marché !,

la narration évoque Myriam et les femmes répondant au chœur viril, chantant et dansant le refrain du cantique devant leurs hommes au son des tambourins. Ce poème de résurrection est, selon le *Rituel*, psalmodié tous les matins de l'année liturgique juive ; car chaque nuit nouvelle s'ouvre comme une mer Rouge de l'angoisse à traverser, pieds nus, dans le temps abyssal du songe...

Comme le souligne l'auteur de la *Sefat Emeth*, l'illustre Rabbi Yehouda Ari Leib de Gour, c'est aussitôt après leur *passage*, quand ils ont à peine émergé des eaux divisées sous leurs pas, que Moïse et les Hébreux (les *Passeurs* [1]), entonnent

1. Le mot *'Ivri* signifie passeur en hébreu.

leur Cantique de la Mer, dont les deux premiers mots embrassent à la fois le passé et l'avenir : « *Az yashir Moshé ou-vnei Israël eth ha-shirah hazoth...* » Le Maharal de Prague observe que le terme « *Az* » (alors) nous oriente dans les deux sens de la durée. Il désigne tout ensemble hier et demain. Dans ce contexte, le verbe « *yashir* » peut se traduire également par « il chanta », « il chante », et « il chantera » (aux temps futurs, pour la venue du Messie). La valeur numérique de *Az* est huit, chiffre symbolique du monde à venir, celui qui commence au-delà des sept jours de l'imparfaite Création actuelle [1].

Parce que les esclaves hébreux sauvés furent capables, sur-le-champ, de faire jaillir de leur poitrine le Poème de la Mer, prouvant ainsi qu'ils étaient restés en puissance de poésie à travers la longue nuit de l'oppression et du génocide, *c'est pour cela*, dit la *Sefat Emeth, qu'ils ont pu être libérés à la fin.* Dans l'exode de la Pâque (*Pesach*), leur bouche (*Peh*) s'est affranchie pour donner issue à la parole dialogale (*Sach*). La poésie les a fait passer de l'état d'esclaves à celui de fils de la liberté divine. Pesach, la Pâque, n'est pas seulement la délivrance historique des Hébreux, mais, commente la Guemara, celle de la bouche humaine qui parle enfin à autrui dans la dignité retrouvée : « Pe-sach ! » Ce jeu de mots talmudique exprime bien la résurrection simultanée de

1. Cf. l'ouvrage du Maharal de Prague : *Netsa'h Israël.*

114

la vie et de la poésie, alliées dans la réalité unique de la libération d'Israël.

Faisant écho à un verset étrange du second livre des Chroniques (XXIX, 28) : « Et le poème est le poète », la *Sefat Emeth* évoque, dans le contexte du Chant de la Mer mosaïque, « le poème dont la mélodie elle-même se fait le poète ». A cet instant l'homme et sa parole chantante, libérée, coïncident dans l'extase. Il devient enfin pour un moment, selon l'exégèse araméenne d'Onqelos sur la création d'Adam, « un souffle qui parle ».

Cette explosion d'enthousiasme lyrique scande la fin de la sortie d'Egypte, son élan rythmé annonce l'ouverture au monde inconnu de l'indépendance. Elle inaugure la marche dans le désert — où sera donnée à la nation naissante la loi fondamentale du Sinaï —, et la conquête de Canaan, terre de la promesse, des accomplissements ultimes...

Si le poème de la mer s'articule à cet endroit particulier du récit biblique, ce n'est ni l'effet du hasard, ni celui de la maladresse ou de la barbarie artistique de l'auteur hébreu. Nous assistons là au rapprochement, profondément justifié à mon sens, des deux champs d'expérience et de langage qui ont été indûment séparés par l'esthétique occidentale. Dans cette conjugaison rythmique de l'élément mâle et femelle du texte se produit le retour du refoulé inavouable. Il a été collectivement vécu à tous les niveaux de la peur, de la honte, de la misère morale et physique, puis du soulagement qui s'amplifie jusqu'à l'extase, dans le chant de louanges et la danse où s'incarne la joie de la délivrance inouïe : *vita ex mortuis* !

L' « échafaudage », pour parler le langage de Saint-John Perse, c'était le récit détaillé de l'aventure de ces malheureux esclaves — mes pères — écrasés de travail, torturés et tués par leurs contremaîtres dans les camps de concentration de l'Egypte pharaonique. Vraiment la situation du peuple de la Promesse n'était pas reluisante ; la prose l'emportait de loin sur la poésie dans les basses fosses royales des bords du Nil ! « Alors les Egyptiens réduisirent les enfants d'Israël à une dure servitude. Ils leur rendirent la vie amère par de rudes travaux en argile et en brique ; et c'est avec cruauté qu'ils leur imposaient toutes ces charges... Alors Pharaon donna cet ordre à son peuple : Vous jetterez dans le fleuve tout garçon (hébreu) qui naîtra... » (Ex. I, 13-14, 22). A quoi s'ajoute, par exemple, ce témoignage de la tradition orale recueillie par le Talmud, qui rejoint ce que notre propre génération a vu de ses yeux mêmes, dans l'Europe hautement civilisée du milieu du XXe siècle : « Et lorsque les esclaves juifs ne fournissaient pas un nombre suffisant de briques, des enfants hébreux étaient emmurés à la place des briques manquantes. »

L'autre côté du poème est le silence de la détresse : silence de Dieu, silence du prophète. Alors l'angoisse étouffe le poème. Il n'y a pas d'extase à Auschwitz [1].

Comme on le voit, il n'est rien de nouveau parmi les « soixante-dix nations » sous le soleil de l'inhumanité et du crime. Mais cet échafaudage-là s'est édifié à force de vilenies et de bassesses indicibles. C'est une histoire honteuse et sordide, on se sent tout gêné de l'évoquer entre gens bien élevés. Pour dissiper le malaise, mieux vaut ne plus jamais parler de ces choses-là. Selon l'esthétique longtemps admise en Occident, l'auteur biblique aurait dû se contenter de produire le glorieux cantique de la fin : « Il a précipité dans la mer le cheval et le cavalier ! » A la bonne heure, ici on sent passer le frisson des grands événements, l'écho des heures héroïques du noble monde !

Mais ce n'est pas ainsi que l'on procède dans la Bible, ou dans ses commentaires talmudiques : d'abord on nous raconte, sans nous en épargner aucun détail humiliant, la misère, la crasse, la faiblesse, la souffrance des hommes écrasés par les puissants sur la terre (jusqu'à la défaillance sexuelle — le refus de copuler ou d'engendrer). Ensuite, à l'heure inespérée du salut, éclate l' « Hymne à la Joie » de cette symphonie aux réso-

---

1. Robert Nerson, *la Haggada commentée*, Colbo, Paris, 1966, p. 10.

nances aussi ouvertes et contrastées que celles de l'aventure humaine saisie dans sa totalité. Ici, un art sublime coïncide avec la connaissance et l'aveu de notre condition véritable, la poésie s'y fait vérité grosse de tout l'avenir, destinée prophétiquement révélée d'un peuple opprimé qui s'arrache *in extremis* à l'avilissement et à la mort.

Cette structure heurtée se retrouve partout dans les livres narratifs de la Bible : Gen. 49, Ex. 15, Nombres 25, Juges 5, I Samuel 2, II Samuel 1, II Samuel 22-23, I Chroniques 16, Jonas 2, presque tout Jérémie, ainsi que Zacharie et Ezéchiel (chap. 12 par exemple) : « *Le matin*, la parole de YHWH me fut adressée en ces mots : ... Dis !... ». Le peuple « saura en ce jour que c'est moi qui parle : Me voici ! » (Isaïe, LII, 6). Partout le poème vertical se trouve en situation, enserré, entraîné dans la trame brûlante des événements actuels et des consciences qui évoluent avec eux. C'est ce qui distingue les « Paroles des Jours » juives des simples Annales léguées par l'antiquité gréco-romaine. Ainsi, dans I Samuel, chap. 1, Anne, l'épouse stérile et désolée d'Elkanah s'écrie : « Je suis une femme qui souffre en son cœur [...] C'est l'excès de mon angoisse et de mon chagrin qui m'a fait parler *jusqu'à présent* [...] (v. 15-16). Et ils se prosternèrent *là* devant

YHWH. Anne pria et dit : Mon cœur se réjouit en YHWH [...] » (v. 28, et chap. 2, v. 1). Ainsi commence le célèbre cantique d'Anne après la naissance inespérée de son fils Samuel.

Au plus bas du récit de l'aventure de Jonas — au plus perdu de l'errance, dans « le ventre des limbes » funèbres, puis au fond des entrailles de la grande poissonne anonyme se cristallise soudain le poème d'extase de Jonas. Hors de la prose narrative monte vers le ciel intérieur, jusqu'au « temple de sainteté » invisible, le chant unique de la Colombe du Cantique. Ensuite reprendra l'errance — orientée cette fois-ci, qui amènera le prophète récalcitrant à Ninive. Il fera résonner « les paroles des jours » sur cette vieille terre d'Orient chaotique, mère de tant de lendemains sinistres : « Encore quarante jours, et Ninive est renversée ! »

De l'intimité mystique la plus pure, ce type de récit peut passer sans difficulté à l'invective politique ou à la narration épique qui met en valeur le détail le plus cru. Israël est en conflit avec les Cananéens, tout va très mal, une femme — Déborah la prophétesse —, constatant la démission des hommes qui sont incapables de faire face au danger, assume le commandement des troupes. Devenue chef de guerre des tribus d'Israël, elle vainc *en ce jour* (Juges IV, 23) Sisera, le général de Jabin, roi de Hatsor. Après sa fuite honteuse, le Cananéen assoiffé cherche refuge sous la tente de Jaël : « Elle ouvrit l'outre du lait, lui donna à boire, et le couvrit [...] Jaël, femme de Héber, saisit un pieu de la tente, prit en main le marteau, s'approcha de lui doucement et lui enfonça dans la tempe le pieu, qui pénétra en terre. Il était profondément endormi et accablé de fatigue ; et il mourut [...] et voici, Sisera était étendu « mort, le pieu dans la tempe » (IV, 19, 21-22). « *En ce jour*, Dieu humilia Jabin, roi de Canaan [...]. *En ce jour-là*, Déborah chanta ce cantique avec Barak, fils d'Abinoam... » (IV, 23 et V, 1). Et Deborah entonne son chant de victoire : moi, une femme, « je me suis levée comme une mère en Israël », j'ai remplacé les « chefs sans force » et sans bravoure qui tremblaient désarmés devant l'ennemi, j'ai battu le Cananéen, c'est par mon bras qu'Israël a été sauvé.

Après le rugissement de triomphe des vainqueurs, le cantique de Deborah s'achève par la poignante évocation de la mère de Sisera, encore ignorante de son malheur, qui « regarde par la fenêtre, à travers le treillis, et s'écrie : Pourquoi son char tarde-t-il à venir, Pourquoi ses chars vont-ils si lentement ? [...] Périssent ainsi tous tes ennemis, ô YHWH ! » (v. 28, 31).

Une fois de plus, le poème s'insère dans le récit, plein de honte, des défaillances d'un peuple impuissant devant la chute qui le menace. Il laisse la place à la courte prose, si paisible et si nue qui, d'une seule haleine, dit la suite des temps favorables : « Le pays fut en repos pendant quarante ans » (v. 31). Le cantique de Deborah, quant à lui, est un poème d'une violence extrême, l'un des plus anciens et des plus beaux qui nous aient été légués. Composé en hébreu archaïque de la haute époque, par sa puissance, son caractère d'évidence, son style ramassé, le poème récapitule et rend irréversible la succession aléatoire des événements humains, auxquels il impose désormais sa loi, sa forme, son élan net et décisif. Il nous pousse en avant, comme le ferait la proue d'un navire qui s'enfonce dans un avenir caché, un espace futur encore non inscrit dans la mémoire. Le poème est pointe de la flèche lancée en avant, qui a décidé du destin de chaque individu hébreu *en ce jour-là*, comme de celui du peuple entier. Mais c'est une pointe de diamant, aussi indestructible par le temps qu'éblouissante au regard du lecteur actuel.

Selon un enseignement de Rashi de Troyes, transmis par André Neher, « ce jour-ci » que nomme la Tora n'est pas seulement le jour absolu inscrit dans le Livre pour toujours, par la volonté souveraine de son auteur. C'est aussi, et surtout, le jour du vivant contemporain, son propre jour d'hui, l'événement quotidien qui le concerne et l'engage dans son temps personnel. A l'instant de la psalmodie la simultanéité s'établit entre « ce jour-ci » qui est déjà, dans la Bible, le jour de Dieu transcendant — valable à travers toutes les générations — et mon petit jour mortel de passager sur la terre. Comment cette simultanéité inouïe serait-elle possible ? Rashi répond : par l'accomplissement strict des commandements, qui forgent un lien concret, corporel, entre « son jour » et « mon jour », les rendant témoins l'un de l'autre en chacun de nous, à travers les générations successives. Ainsi se tisse, d'une observance à la suivante, toute l'histoire des enfants d'Israël, à la lumière unique de « ce jour-ci ».

Il est vrai que dans la Bible il ne s'agit pas du sort de n'importe quel peuple, il y est question d'un peuple très particulier qui est « mis à part » pour réaliser à longue échéance le projet de rédemption universelle d'un Créateur divin : « Il ne nous a point faits comme les peuples des contrées, ne nous a point placés comme les familles de la terre. Il ne nous a pas mis notre part comme leur part, ni notre sort comme celui de leurs multitudes » (*Rituel*, « C'est à nous de louer »). Dans la Bible, un peuple est chargé d'une mission laudatrice à travers le temps et l'espace de ce monde. Les Yehoudim sont ceux qui « célèbrent Yah ». C'est ce projet inouï de salut cosmique que charrie l'imaginaire hébreu, tel qu'il s'extériorise à la fois dans les Ecritures et dans notre existence historique jusqu'à ce jour. On com-

122

prend alors le rôle éminent du poème dans la réalisation d'un tel projet, à travers les obstacles, la peur, les hontes, les échecs, les piétinements, les difficultés d'être de la prose, le mal de l'histoire quotidienne en ce bas monde besogneux et imparfait qui, comme Jacob au sortir de la lutte avec l'ange, n'avance qu'en boitant de la hanche vers sa Terre promise de rêve [1]...

Mais transmuer dès aujourd'hui tout le programme (et le texte) de la Bible en poème, reviendrait à nier le boitement de Jacob, à dissimuler les circonstances réelles de sa naissance, à effacer les humbles conditions au sein desquelles prend forme et se débat dans l'histoire matérielle le projet divin. « Brûler l'échafaudage », pour reprendre l'expression de Saint-John Perse, serait esquiver l'enfantement du monde à venir, réduire le terrible travail de la *parole des jours*, cette langue de Moïse tourmentée, bégayante, rompue, hoquetante, à une simple plaisanterie esthétique ! Transformer l'accouchement sanglant du futur avec ses dissonances, ses soupirs et ses cris, en un divertissement poétique, noble et décoratif comme un « vol de sacres sur les marbres », quelle énorme farce, en vérité !

1. C'est la situation de chaque poète, celle qui lui impose sa tâche la plus vraie. Cf. Claude Vigée, *la Lune d'hiver*, Flammarion, 1970, pp. 398-399.

Ce serait aussi escamoter le temps. Or « le temps... ne s'échange pas, il [...] n'est remplacé par rien... "A la place" de l'instant disparu il n'y a rien ; il n'y a pas "de place"... Si le temps est don, ce don est limité et non renouvelable [...] Les juifs "n'ont que le temps"... Alors il s'agit pour eux de "donner le temps" [1] ». Métamorphoser le texte biblique en Iliade et en Odyssée, le récrire par exemple en vers hexamètres strictement mesurés d'un bout à l'autre de ses rouleaux, signifierait vouloir transformer tout le matériau événementiel fondateur de la mémoire, témoin de la terrifiante mais exaltante expérience vécue d'un tel peuple, en chaînes d'or, en colliers d'argent ou en rivières de diamants. On substituerait à la chair vive de l'existence judaïque, dont le lendemain est toujours remis en question, un décor racinien de voiles et d'ornements aussi vains que pesants.

En érigeant ces belles idoles verbales, on aboutirait à une trahison absolue du réel matriciel en gestation dans les ténèbres de l'Egypte ; on occulterait le sang, les excréments, les attentats, les meurtres, la terreur qui règne au « lieu perfide » — bref l'histoire angoissée d'Israël dans les millénaires à travers toutes les contrées, toutes les nations du globe : « Je suis l'homme qui a vu la

1. Olivier Revault d'Allonnes, *op. cit.*, pp. 64, 66, 70.

misère [...] Ceux qui se nourrissaient de mets délicats périssent dans les rues ; ceux qui étaient élevés dans la pourpre embrassent les fumiers [...] Ils ont la peau collée sur les os, sèche comme du bois [...] Les femmes, malgré leur tendresse, font cuire leurs propres enfants, qui leur servent de nourriture, au milieu du désastre de mon peuple [...] Ils errent en aveugles dans les rues, souillés de sang [...] Notre peau est brûlante comme un four par l'ardeur de la faim [...] Les enfants et les vieillards sont couchés par terre dans les rues [...] Tu as tué au jour de ta colère, tu as égorgé sans pitié » (Lamentations II-V).

Occulter ce témoignage-là — le regard de Jérémie —, c'est étouffer la « Parole des Jours », au profit exclusif des instants de feu céleste qui viennent parfois la couronner, comme éclate un orage les soirs d'été sur nos montagnes brûlées. Revault d'Allonnes nous rappelle qu' « idoles, pouvoir et domination de l'espace ont partie liée pour nous arracher au temps et à l'intériorité, c'est-à-dire à notre vie même » (p. 104). Mais la réalité humaine, elle, n'avance qu'en claudiquant dans le temps, elle marche cahin-caha, avec d'horribles craquements. C'est en boitant vers l'aurore que Jacob, déhanché, touché au plus intime de soi-même, blessé au « nerf de la cuisse » par Samaël, s'arrache vainqueur au combat avec l'ange d'Esaü. A travers lui, pourtant, se produit le seul vrai mouvement en avant : c'est l'unique sens de son étrange et douloureuse victoire !

Le commentateur médiéval Rashi de Troyes donne une interprétation intéressante du verset énigmatique d'Exode XII, 2, qui concerne la consommation de l'agneau pascal, au moment de la sortie d'Egypte : « Vous le mangerez *avec hâte*, il est *Pâque pour le Nom*. » Pâque — Pessa'h — est associé à la notion de saut, car l'ange du Seigneur « sautait » par-dessus les maisons d'Israël pour les épargner lors du massacre des premiers-nés égyptiens. Face à Elohim — (Dieu considéré sous l'aspect de la nécessité, de la loi, de la limite) — YHWH (le Nom imprononçable de la charité absolue) est déjà par lui-même rupture, gratuité, mouvement pur, sens et saut : comme Israël en Egypte et plus tard dans l'histoire des empires, qu'il perturbe systématiquement. Rashi commente ainsi la fin de ce verset : « Le Nom de Dieu est Pessa'h ». A l'exemple du Sauteur divin, fauteur de déséquilibre et de liberté, qui presse les esclaves hébreux léthargiques de manger à la hâte le repas inaugural de l'Exode, Jacob — Israël, s'avançant avec difficulté dans le temps de l'histoire, ne fera que sauter d'un goulag à l'autre, « boitant de la hanche » au sortir du combat nocturne avec l'ange d'Esaü, claudiquant toujours entre la chute finale, menaçante, et le bondissement sauveur jusque dans l'ère future du Messie !

La vision (ou la folie) hébraïque de l'engendrement et de la naissance du Messie ne peuvent s'imaginer qu'ainsi. Dans la Kabbale, et les livres ésotériques plus tardifs, pour découvrir la première phase de l'avènement messianique, on scrute les « traces de l'enfoncement des talons du Messie ». Ils marquent de leur empreinte redoutable la boue de la terre pécheresse, piétinée par le fils de l'homme dans une ère où se déchaînent la terreur et la violence suprêmes. Les pieds du Messie sont en sang, car sa venue annonce d'abord une époque de douleur, de déchirement universels. Ici rien n'est idéalisé, le mal n'est nullement occulté, on n'écrit pas une épopée en vers réguliers mesurés qui ferait écho, au niveau du langage le plus châtié, dans les hautes sphères de l'harmonie verbale, à un ordre du monde parfait, telle une musique céleste donnée *a priori* pour notre seule jouissance et l'éducation exquise de notre goût.

VIII

La prophétie s'énonce en ébranlant l'être entier, elle résonne souvent sur tous les modes à la fois, les choses adviennent à la va-comme-je-te pousse, dans une extrême soudaineté : en ce jour-là. Les événements ont lieu dans un temps réel chaotique, et non dans le champ idéal d'une durée pure, d'une beauté esthétiquement isolée du devenir historique, comme le souhaitait P.J. Jouve dans le texte cité plus haut. Mais au milieu de la précipitation claire-obscure des êtres et des choses s'enflamment tout à coup, par condensation d'expériences spécifiques et d'émotions excessives marquant les tournants décisifs de notre vie, les grains de lumière solaire qui sont l'acquis de tout le passé et l'annonce de tout l'avenir. Eclatant comme la foudre entre les nuages noirs de l'espace étranger, ces grains lumineux sont les noyaux concentrés du temps passionnel humain. Ils ne sont pas faits seulement pour être perçus par la vision, mais captés par l'ouïe, dits sur la langue, dansés par le balancement rythmique du corps de l'orant, vibrés et rayonnés vers autrui dans la phonation profonde et gutturale de la gorge hébraïque : « Il leur a de sa droite envoyé *le feu de la loi* » (Deut. 33, 2).

Ainsi, dans la tradition rabbinique encore en vigueur, il est défendu de lire publiquement le texte de la loi de Moïse, expression première et fondement de la révélation orale au Sinaï, en se servant des yeux seulement. On ne doit pas non plus le réciter par cœur, sans l'appui de l'écrit, en l'absence du regard qui se porte garant de l'attention vigilante et scrupuleuse du psalmodiant. Pourquoi le Talmud interdit-il également ces deux conduites opposées ? D'un côté, on verserait dans le culte silencieux d'un objet visible, dans l'idolâtrie de la Lettre magique ou du Livre Sacré, leur copie faite de main d'artiste sur un précieux parchemin. La contemplation littérale de la Tora-icône, son absorption muette dans les sphères purement intellectuelles et visuelles de la conscience, représentent un danger spirituel évident.

Paradoxalement, l'attouchement du rouleau manuscrit de la Loi, cet objet révéré entre tous aux yeux d'Israël, rend les mains juives impures, et soumet le transgresseur aux obligations de la lustration rituelle ! Par précaution, on ne touche la Tora qu'avec un pan du *talith*, le châle de prière. On ne l'embrasse qu'à travers ses enveloppes et son mantelet de velours brodé d'or, correspondant au *Pardèss*, c'est-à-dire aux quatre niveaux du commentaire oral traditionnel. L'Ecrit biblique sacralisé, inerte, muet, est comme toute chose morte identifié à une source d'impureté, dont le contact direct doit être évité par les vivants (Talmud, traité Sabbat 14 a). Seule sa mise en mouvement par la voix humaine articulant à distance ses voyelles errantes et invisibles, rend à l'Ecrit la vie, la pureté, la sainteté de la Loi Orale, celle qui « *se* parle » continuellement depuis le Sinaï, sous la Tente du Rendez-vous, au désert...

Par ailleurs, la familiarité orale trop poussée avec la parole sainte devenue comme viscérale, induit un état de fusion matricielle qui nous aliène à l'histoire collective. Un tel rapport, analogue au lien charnel du frère avec la sœur, violerait le commandement contre la « grâce incestueuse » évoqué précédemment (Lévitique XX, 17).

Pour éviter cette double tentation, le chantre « envoyé de l'assemblée » articulera les versets manuscrits, maintenus à distance, en se servant pour la lecture publique d'un bâtonnet en bois ou en métal précieux travaillé, qui s'achève en forme de doigt pointé. Cet index de cérémonie ou *yad* (main) prolonge celui du fidèle qui suivra

mot par mot, ligne par ligne, le texte arraché à
son mutisme. La Tora entière nous est présentée
comme « parole de YHWH *par la main* de
Moïse ». Entre l'Ecrit saint immuable à l'écorce
morte qui pollue les vivants, et le lecteur indivi-
duel, le *yad* intermédiaire représente donc la tradition orale vivifiante, l'interprétation renouve-
lée de la révélation du Sinaï par les générations
successives des commentateurs qui furent susci-
tées à travers l'histoire réelle du peuple d'Israël.
Le *yad* préserve la tradition talmudique et phari-
sienne de toute hérésie littéraliste du type
qaraïte. Cet effort du bras de l'officiant, mille
fois répété au cours de l'année liturgique, accompagne le rite des yeux qui déchiffrent de loin les
consonnes encore abstraites de l'hébreu écrit,
comme il soutient le « *service* sacré » de la gorge,
lorsqu'elle vocalise musicalement le texte au fur
et à mesure de sa résurrection sonore. La calli-
graphie trimillénaire des rouleaux de la Loi
exclut les points-voyelles, d'invention plus
récente.

Ainsi le bras, les yeux, la bouche, le gosier, le
corps entier, l'âme vive qui agit, pense et respire,
participent à l'annonce de la Tora et de ses péri-
copes prophétiques. Même si on la lit pour soi-
même, dans la solitude, ce ne sera qu'en se la
murmurant : scruter, chanter, toucher physique-
ment le texte imprimé par un geste de l'index
attentif à sa progression temporelle, contribuent
également à son incarnation. C'est pourquoi on

132

l'appelle « Tora de vie ». Il ne faut pas séparer les trois domaines majeurs de l'expérience humaine dans l'ordre de la parole, mais en éprouver en même temps les vertus distinctes, liées dans la mouvance du souffle, pour l'unification et la sanctification du Nom : « YHWH, *hou ha-Elohim* », « le Nom ineffable de la charité et de la grâce, c'est lui, le Dieu de la rigueur et du jugement ». Parole et voix [1] se conjuguent alors pour engendrer le poème en acte [2].

Comment amener l'homme-robot qu'est souvent le lecteur de notre époque à cette parole de vie totale ? Comment l'inciter à recréer en lui-même ce que fait encore, par une tradition trop souvent irréfléchie, celui qui psalmodie la Bible hébraïque ? Cette lecture-là équivaut à une résurrection intégrale de l'écrit dans la parole vive qui l'énonce. Comment lier une nouvelle fois « mon serviteur Germe », la graine ramassée du poème aux énergies rayonnantes comme le cristal condensé du miel dans les alvéoles de la ruche cérébrale, avec la forêt spatiale aux frondaisons fluantes, dont la prose ondule jusqu'à l'horizon sans fin ? Je ne le sais guère, car nulle recette ne m'a été transmise... Fils et petit-fils de juifs assimilés, ma tentative d'approche se trouve dans ces textes placés sous le signe de l'alternance, dans ces livres un peu étranges où se fait l'allée

---

1. *Dibbour* et *qol.*
2. *Shir.*

et la venue entre les poèmes-germes et les proses-forêts : sans doute pourrions-nous en inverser l'ordre actuel sans dommages, afin de nous frayer à leur aide des voies d'accès temporelles toujours neuves vers la vie libre et une, vers la lumière de l'humain. Si j'ai osé m'écrier un jour :

Jacob et poésie ont le même destin

être juif

ou poète

c'est tout un [1] ! »,

il faut pas aller en chercher ailleurs l'explication véritable.

Comme j'ai écrit des livres peu conventionnels, j'ai connu une drôle de vie. D'abord l'enfance campagnarde et dialectale en Alsace, dans l'entre-deux-guerres : cette éternité archaïque entre une Allemagne si proche, toujours crainte, prudemment tenue à distance, et une France inquiétante, dont les actes réveillaient sans arrêt nos suspicions les plus justifiées. Ils nous blessaient à la fois dans notre identité de juifs conscients, et d'Alsaciens de très vieille souche. Du « décret infâme » de Napoléon Ier, cet autocrate antisémite, au Statut des juifs du maréchal Pétain, chef de l'État français ; de la cession de l'Alsace-Lorraine à l'Empire germanique, en 1871, à

1. *Délivrance du Souffle*, p. 38, Flammarion, 1977.

134

l'abandon total de l'Alsace aux nazis en 1940 ; des remous de l'affaire Dreyfus aux déportations d'enfants juifs [1] de Drancy à Auschwitz, en 1942, par les autorités françaises, — notre pays n'avait en réalité cessé de mener à notre égard, comme juifs *et* comme Alsaciens, une politique pleine d'ambiguïtés, d'infidélités, voire d'hostilité ouverte, que révèle clairement, à qui veut bien la saisir, l'histoire des Gaules anciennes et modernes... Faut-il laisser dormir pareils faits sous le boisseau ? Ce n'est pas en les taisant benoîtement qu'on liquidera jamais, au tréfonds de notre âme, un contentieux aussi douloureux ! Pour nous autres juifs d'Alsace, ce fut donc, après la débâcle de 1940, la vie précaire des réfugiés ; le commencement de la persécution vichyssoise, la création des camps de concentration, et bientôt les rafles policières, dans les deux zones de la France. Suivirent mes dix-huit ans d'exil en Amérique du Nord, l'exploration du monde de *la Lune d'hiver*. Ce livre est dédié « à la mémoire de mes proches parents : quarante-trois hommes, femmes et enfants, livrés aux nazis et brûlés dans les fours crématoires, parce qu'ils étaient nés juifs en Alsace française... ». Enfin vint l'expérience dramatique de Jérusalem, qui dure pour moi depuis vingt-deux ans, après dix-neuf siècles de tragédie collective dans l'exil d'Occident. Poè-

1. Voir *la Grande Rafle du Vel' d'Hiv*, par Claude Lévy et Paul Tillard, Ed. R. Laffont, 1967, pp. 104-174.

mes d'ici et de là-bas, écrits sur la pierre, dans le feu, resurgis avec les pins, les figuiers, les cyprès, les oliviers qui poussent dans les rocs.

Souvent on veut me faire dire, comme s'il s'agissait d'un aveu : « Te sens-tu juif de la Diaspora, (alsacien, français, américain ?) *ou* juif d'Israël ? » Sur ce modèle simpliste, après une expérience aussi complexe, on me demande d'adhérer de l'extérieur à des distinctions tout à fait arbitraires ! De toute évidence, je suis profondément attaché (par l'attrait nostalgique de mon pays natal, par la mémoire de mes parents et de mes aïeux), à la juiverie d'Alsace ainsi qu'aux gentils bienveillants — « *brâfi Goyèm* », disait mon grand-père Léopold — au milieu desquels j'ai grandi dans ma province d'origine. Les quinze mille juifs alsaciens autochtones d'avant 1939, aussi bien que la multitude des gentils parmi lesquels nous existions, tant bien que mal, depuis des siècles, tout cela faisait partie pour moi de la même sphère d'existence.

Les rapports avec nos *brâfi Goyèm* (et avec les autres, *le-havdil !*) étaient forcément doubles. Jusqu'à la fin, nos voisins chrétiens auraient été mortifiés si, à la veille de la Pâque, nous ne leur avions pas apporté, à eux en premier, un panier d'osier arrondi bien rempli de pains azymes. Ils avaient droit, eux aussi, à la manducation printanière de la *matsah*, ce pain non levé, bien sec et croquant sous les dents — symbole de l'ascèse d'Israël au désert du Sinaï —, qui accompagne depuis plus de trois millénaires la célébration juive de la sortie d'Egypte. De même, dès l'âge de deux ans, tous les 24 décembre au soir, j'étais sous le sapin de Noël de nos voisins, les enfants du notaire Bohler. Nous n'en avions pas chez nous, bien sûr, l'arbre de Noël n'était pas de nature très « cachère », ç'aurait été de l'idolâtrie aux yeux des juifs traditionnels d'Alsace. Mais chez eux, c'était autre chose. Que dit le précepte antique ? Où se trouve le pur, là seulement peut survenir l'impur, né de la transgression des 613 commandements. Inversement, où n'existe pas la pureté rituelle, il ne saurait encore se trouver d'impureté. Tout retombe dans l'indifférenciation du chaos primitif. Ainsi, le cadavre d'un juif devient nécessairement immonde pour le reste de sa tribu, ce qu'on ne saurait affirmer de la dépouille mortelle des gentils, qui échappent logiquement à pareille problématique... Appuyé sur ces puissants raisonnements, je pouvais aller chez nos voisins sans crainte : l'arbre de Noël des Bohler n'entraînerait pour moi nulle conséquence fâcheuse. Etranges et rassurants effets de la dialectique talmudique...

Avec ou sans *pilpoul*, cet arbre de Noël fascinant, plein de significations contradictoires, arbre paradisiaque du bien-et-mal encore non séparés, a joué un rôle extraordinaire dans mon imagination enfantine, puis, plus tard, dans ma vie profonde d'adulte en exil[1]. Dans le secret de mon être, la nuit de Noël alsacienne chez les Bohler vers 1924 fait partie du même univers que celui de Jérusalem, apparu dans mon existence réelle quatre décennies plus tard. Je suis l'homme d'une seule vie ; quelquefois, elle me paraît translucide, sinon totalement transparente à elle-même. Car Jérusalem, de son côté, c'est aussi un mode d'être de ma racine, de mon obstination à persévérer et à devenir autre à travers le même qui se métamorphose. On y persiste dans l'existence, non seulement de manière passive, comme jadis dans la Diaspora, mais en surgissant de nouveau à soi-même. Est-ce une coïncidence si le marché principal de la nouvelle Jérusalem juive s'appelle le Campement de Juda ? Ainsi ont fait mes aïeux, qui ont courageusement campé en Alsace pendant les siècles d'exil.

Je me fonde ici sur ma seule expérience individuelle, mais je crois que c'est à peu près la même pour chacun d'entre nous. Si un homme prétend être honnête avec soi (un poète, certes, le devrait à plus d'un titre), ne se sent-il pas en même temps le plus enraciné et le plus expulsé des êtres, un germe planté puis jeté au loin dans l'abîme du dehors, arraché et « exposé sur les montagnes du cœur », comme l'a dit Rilke ? Il faut s'être saisi

---

1. Cf. Claude Vigée, « le Buisson ardent », *le Soleil sous la mer*, Flammarion 1972, pp. 7-28.

soi-même dans la contrariété de ce double et instable état d'existence : au même instant errant et enraciné dans l'aujourd'hui qui est devenu le véritable terreau de cette vie.

Mon enfance en Alsace, c'était alors et maintenant. Oui, il en est encore ainsi, dans la mesure où jadis coïnciderait avec aujourd'hui, dans les sphères secrètes de la mémoire enfouie au tréfonds de ma conscience. Le mot *Alors*, comme « *Az* » en hébreu, désigne *à la fois* le passé et l'avenir à rédimer. Cet *alors* de la mémoire, n'est-il pas aussi la puissance turgescente de ma vie actuelle et future, inondant comme un flot de sang ma tête, le sexe, les entrailles, à l'instant où je parle ainsi ? La racine tri-consonantique *ZeKheR*, qui désigne la mémoire en hébreu, est identique à *ZaKaR*, l'être mâle. Le pouvoir mental de perdurer dans l'adversité rejoint ici la dureté de l'érection. Le temps dompté rejoint en moi la puissance virile, en constitue la récompense.

Nous souvenir, c'est ajuster notre regard transitoire à la vision de l'extrême distance qui est celle du Dieu créateur saisi sous l'aspect de sa rigueur masculine[1] : « Tu te souviens de tout l'œuvre du monde et tu fais tes comptes avec toutes créatures de jadis... Tu guettes et regardes

1. *Gvourah.*

jusqu'à la fin de toutes les générations. C'est aujourd'hui le jour du commencement de ton œuvre, le souvenir du jour premier. Ce jour est en grossesse du monde. Car de tous les oublis te souvenant, tu es Lui depuis toujours, et il n'est nul oubli devant le siège de ta gloire » (*Rituel*, Moussaph du Nouvel An).

L'alternative est claire : si je me souviens, je suis là maintenant, tout entier, depuis le commencement des temps, j'ai en moi « le souvenir du jour premier » ; si ma mémoire m'a fait défaut, je ne puis accéder à ma propre présence, je me sens impuissant à m'ériger, dès demain matin, vers moi-même. Je suis englouti dans mon propre oubli.

Dans la mesure où l'on possède vraiment le souvenir de son passé, c'est maintenant, « ce jour », qu'il faut le mettre en acte et en jouir. En réalité, tout est toujours là, à condition que je sois présent ici en personne, au moment de l'évocation de ce passé, lors de l'émergence de mes souvenirs. Si, dans la commémoration, ma conscience fonctionne au présent, alors mon passé est lui-même un présent authentique : « Je me souviens de mon alliance à jamais », c'est-à-dire au futur. Mais alors ce présent de l'alliance n'est pas un temps morcelé, émietté, comme nous le suggèrent fréquemment les dramaturges et les romanciers contemporains.

Lorsqu'il quitte Ur en Chaldée, sa contrée, son lieu natal, la maison de son père et tous ses biens, « Abraham ne s'abandonne pas, *il se confie* à la différence absolue, à la succession où tout devient possible [...] Il quitte l'espace pour le temps, c'est-à-dire l'esclavage pour la liberté [...] L'âge nomade, sa pureté, sa simplicité, sa liberté [...] sont déjà une conquête » sur l'État chaldéen oppresseur. « Ce qui est donné et originel, c'est la répétition, la captivité dans les déterminismes sans fin du monde, c'est Ur, c'est l'esclavage : celui-là est frappé d'oubli. Ce qui est conquis, c'est [...] la vie libre et inoubliable [1].»

Les maîtres à dépenser de la modernité confondent l'*abandon* passif à la succession arbitraire des instants avec la *fiance nuptiale*, — ils identifient à tort l'*alliance avec la différence* absolue, et y lisent le *suicide* de l'individu ! Ils présentent donc toute l'expérience humaine, comme un éclatement, la division sans fin de la poussière mentale originelle. Parce qu'ils ont toujours affronté cette expérience dans un espace fragmenté, ils ne peuvent accéder à la perspective unifiante que j'ai tenté d'esquisser ci-dessus. Bien au contraire, la plupart d'entre eux la refusent, ils la vomissent haineusement. Mais tout en s'en moquant, ils meurent de son absence. Avec un grand éclat de rire, ils entraînent leurs dupes dans la débâcle où s'effondre toute notre civilisation. Peut-être

1. Olivier Revault d'Allonnes, *op. cit.* pp. 58, 60-61.

vaut-il mieux ne pas périr tout entier en cette vie, et s'esclaffer moins souvent, « assis au siège des railleurs ».

A propos de celui qui médite l'enseignement divin jour et nuit, le psalmiste évoque « l'arbre planté aux divisions des eaux, qui donne son fruit en son temps, et son feuillage ne se flétrit pas, et tout ce qu'il fait lui réussit » (Ps. I, 3). Il porte son fruit « *be-'ito* », selon sa propre saison, sa puissance interne de durée, et non celle qu'on lui imposerait du dehors. Telle aussi la vraie condition de l'homme, donc celle du poète par excellence : comme l'arbre du psaume, il est rassemblé tout entier au point de rupture des eaux du devenir.

Hölderlin avait senti que l'être achronique, absent à soi-même, est déjà comme mort, quoi qu'il ait écrit par ailleurs : « La vie est mort, et la mort aussi une vie » (*Dans le bleu adorable*), ce qui devient assez problématique dans l'optique du Psalmiste... Kafka m'en paraît plus proche lorsqu'il oppose, à la poésie, la littérature : « Une fuite devant la réalité [...] dissolution, moyen de jouissance qui allège la vie inconsciente, drogue [...] La poésie est exactement le contraire. La poésie éveille. — La poésie tend donc à la religion ? — Je ne dirai pas cela. Mais à la prière, sûrement. » Elle se distingue également de la musique, dont elle « veut clarifier les charmes confus, les élever jusqu'à la conscience, les purifier et ainsi les humaniser. La musique est une amplification de la vie sensible. La poésie, par contre, est une façon de maîtriser, de sublimer [1] ».

Ces remarques donnent leur plein sens à cette déchirante confession de Kafka : « La langue est la respiration sonore de la patrie. Mais moi — moi, je suis gravement asthmatique puisque je ne connais ni le tchèque ni l'hébreu. J'apprends l'un et l'autre. Mais cela ressemble à une poursuite dans un rêve. Comment peut-on trouver à l'extérieur quelque chose qui doit provenir de l'intérieur ? [...] De la rue Aux Carpes de la ville juive (de Prague), où je suis né, jusqu'à la patrie, le chemin est incommensurablement long [...] Je proviens d'un autre univers [2]. » Hölderlin, quant à lui, était le produit du croisement entre un judéochristianisme mal compris, et un hellénisme qu'il n'a saisi que trop bien dans sa dimension tragique, sans issue. Si, au lieu de traîner jusqu'à la fin une existence de zombis, nous commencions enfin à naître ? Comme l'a bien vu Kafka, ce serait la tâche la plus difficile. Mais à part elle, qu'est-ce donc qui nous attend ici-bas ? Il n'y a rien d'autre à faire que de venir au monde en vérité, tout le reste est gâchis, inutilité radicale.

1. Gustav Janouch, *Kafka m'a dit*, Calman-Lévy, 1952, pp. 40, 133.
2. *Id.*, pp. 131-132.

IX

Chaque parole qui ne se commet pas en faveur de la vie est un mot de passe dans le grand complot pour la mort. Notre choix final se révèle simple et clair. Aux derniers versets du chapitre XXX du Deutéronome, Moïse, avant de mourir, transmet au peuple hébreu l'ultime message de son mandant céleste : « La vie et la mort j'ai donné devant toi, la bénédiction et la malédiction, et tu choisiras la vie afin que tu vives, toi et ta semence » (v. 19). Celui qui n'élit pas délibérément sa vie, ne vivra pas. Dans le fait du choix réside l'élan vital lui-même, en lui se dévoile la loyauté au Créateur, « amoureux des vies », d'un être humain engagé tout entier dans sa lutte contre l'anéantissement.

Placé devant ce choix, l'Occident moderne, à la suite de la Grèce et de Rome, hésite au plus profond de lui-même. Hölderlin, finalement, n'a pas pu faire ce choix : la mort-vivante de la démence, dans la vieille tour au bord du Neckar, à Tübingen, a été sa réponse au défi mosaïque pendant près d'un demi-siècle. « Vois, ce jour, dit un autre verset, j'ai mis devant toi la vie et le bien, la mort et le mal... » (v. 15). Ce sont là des choses avec lesquelles il serait imprudent de jouer, car elles ne tolèrent point d'esquive.

Dans la typologie biblique traditionnelle, exprimée à travers les paraboles aggadiques du Talmud, Esaü, frère jumeau de Jacob, est décrit comme un homme de la chasse, des champs, un rôdeur dans les territoires incultes. Il ne cesse de vagabonder dans l'espace extérieur du monde, pour traquer et tuer sa proie. Il omet évidemment de la sacrifier au Créateur selon les normes de la *cacherouth*, des lois rituelles qui régissent le pur et l'impur en matière alimentaire... Une parabole ironique du Talmud rapporte qu'Esaü aiguisait ses flèches et forgeait ses fers de lance de manière telle qu'il espérait faire son abattage rituel de loin, avec sa méthode « cachère » à lui. Mais en vain, car tout ce que le chasseur tue est déchiré, *taref*, rendu impur par la violence inhérente à son geste meurtrier : il accapare gratuitement la vie et le sang des créatures.

Jacob, lui, est décrit comme un être pacifique, « un homme tout simple habitant sous les tentes » (Gen. XXV, 27). Tantôt il s'occupe d'études, tantôt il s'affaire autour des marmites familiales ; il apprend sous le toit cousu de peaux de chèvres de sa mère Rébecca la cuisine secrète de la Vie Future. Esaü, le premier sorti du ventre maternel — mais qui est vraiment l'aîné des

146

jumeaux, le plus haut niché dans la matrice, ou le premier expulsé de la vulve à la naissance ? —, possède le droit d'aînesse. Dans les sociétés sémitiques archaïques, il signifie le sacerdoce familial, le privilège de l'intercession divine réservé à celui qui a « fendu la matrice » le premier.

Revenu d'une chasse infructueuse, défaillant de faim et de fatigue, Esaü vend à son jumeau, le cadet présumé, le droit d'aînesse pour un misérable plat de lentilles. On n'a pas manqué d'en reprocher l'achat à Jacob, dont le nom signifie « talonneur », « supplanteur ». Il aurait profité malignement de la faiblesse de son frère, le chasseur malchanceux, pour lui extorquer à vil prix la sacrificature religieuse du clan d'Isaac. Telle est l'interprétation fréquente, et combien superficielle, de cet épisode biblique fameux [1].

Mais les choses ne sont pas si simples : on oublie un peu bien vite l'autre côté de la médaille. Le nom d'Esaü (Esav) veut dire en hébreu : herbe. On se souvient des versets bibliques comparant les mortels à l'herbe des champs, elle surgit et verdit le matin, le soir elle est desséchée — elle ne résiste pas à l'épreuve du temps. Ainsi

____

1. Sur Esaü, cf. *Délivrance du souffle*, Flammarion, 1977, pp. 41-42, 148-150.

l'homme Esaü. Mémoire profonde et puissance d'endurance mâle authentique lui font toutes deux défaut. Voilà ce qui l'éloigne de la face divine en dépit de son apparence virile, guerrière, musclée. L'herbe d'un jour n'a ni connaissance du passé, ni prescience de l'avenir.

Être de nature, Esaü rentre chez lui, l'âme pleine de dégoût après sa longue poursuite inutile, et il déclare : « *Hinéh, anokhi holèkh lamouth, ve-lamah-zéh li bekhorah ?* » Alors que le pronom *ani* se réfère au *je* humain banal, *anokhi*, c'est en général le « Moi » de majesté, la personne absolue, souvent confondue avec celle de Dieu lui-même. Esaü désigne donc ici son être profond, le centre de sa vie la plus intime : « Voici, dit-il, *mon Moi est un marcheur vers la mort*, et qu'est-ce pour moi, cela, l'aînesse ? » (Gen. XXV, v. 32).

Désormais la fin du verset cité prend tout son sens, généralement caché par les traductions françaises incomplètes du texte hébreu : « Que peut bien valoir à mes yeux, dans ces méprisables conditions d'existence mortelle, le droit d'accès à la transcendance, le privilège du sacerdoce ? » Peu lui importe le pouvoir d'intercession entre les hommes de son clan et leur divinité invisible, si le sort le condamne d'avance à la fosse de la corruption, comme tous les autres fils de la femme. Dédaignant le rôle, à ses yeux vains, du prêtre, il dit à son frère Jacob, qui est en train de « cuire une bouillie » : « Laisse-moi donc bâfrer du roux, de ce roux-là, car je suis fatigué, Moi. Sur quoi son nom fut appelé Edom, le roux » (v. 30). Le voyant dans de telles dispositions d'esprit, Jacob n'hésite plus une seconde : « Jure-le moi, ce jour » (v. 33), et le marché est conclu sur-le-champ. Le désir profond d'Esaü, cet être sévère et déprimé qui « marche vers la mort », le pousse vers la bouillie de lentilles rouges. Elles ont la couleur de la terre première (*adamah*) d'où fut tiré vivant le corps animal d'Adam, avant l'insufflation de l'âme de vie spirituelle ou *néshamah* par YHWH-Elohim (Gen. II, 6), dans la deuxième phase, proprement humanisante, de sa création.

Etre un Esaü, nous suggère le texte de la Genèse, c'est par définition : marcher vers la mort. A quoi serviront alors le droit d'aînesse, le sacre, l'effort vers le monde à venir inexistant, l'espérance dérisoire en la rédemption universelle, l'attente vaine du Messie ? Bref pourquoi cette folie de vie juive qu'ont semée, sur la terre des mourants, les patriarches Abraham et Isaac ? Balivernes que tout cela ! Esaü troque carrément son héritage spirituel contre une matière plus immédiatement comestible. Cette potée de lentilles est proche parente de la substance charnelle d'Adam le premier homme, modelé dans l'humus nourrissant, végétant et fructifiant — *'Afar* —, que l'on traduit erronément par « la poussière de la terre ».

Dans sa rigueur et sa tristesse natives, Esaü se perçoit donc entièrement comme un homme mortel — Adam — pétri et nourri de terre rouge (*adamah*), voué à elle dès l'instant de sa naissance, destiné à s'en retourner vers elle dans la mort quand tout est terminé pour lui en ce monde-ci. La glèbe fut son sein maternel, l'enfouissement sera l'aboutissement unique de son aventure humaine. Sa vie n'est que le chemin du retour à l'argile originelle où il pourra se reposer dans le sommeil de l'absence et du néant. Son cri du cœur : « Car fatigué est mon Moi » (v. 29) rejoint ainsi la première prise de conscience de ce chasseur épuisé par la vaine poursuite de la proie vive, qui toujours l'éludera : « Voici, mon Moi est un marcheur vers la mort. » Dès qu'il a fait cette double constatation sur son être, il vend son droit spirituel avec dédain, comme le souligne le verset 34 (« Esaü a déprisé l'aînesse »).

Jacob, bien sûr, ne manque pas l'occasion, où il voit à juste titre un signe de leurs destins divergents. *Ce jour même* il lui achète la dignité du prêtre en échange de cette bouillie rouge, car il ne partage nullement, lui, le mépris et l'aveuglement d'Esaü pour la fonction sacerdotale. Jacob, en effet, attend passionnément le monde à venir, tout son être se tend vers lui depuis sa conception : d'où sa lutte première avec Esaü dans le

150

ventre de leur mère, « les enfants se heurtaient en son sein [...] Deux peuples sont dans ton ventre [...] deux nations se sépareront hors de tes entrailles » (Gen. XXV, v. 22-23). Pour Esaü, le rigoureux processus de l'existence humaine est connu et clos d'avance. Fidèle à son nom, qui révèle son être même, il se flétrit le soir venu, brûlé comme le chaume, jusqu'à sa racine, par le soleil qui règne sur l'espace quotidien, la seule lumière qu'il reconnaisse et qu'il adore, en s'y dévouant entièrement [1]. Il sera plus tard l'homme de la fatalité triomphante, le héros de la tragédie grecque. « Qu'est-ce que l'homme, pour que tu t'en souviennes ?... » Voilà toute l'optique d'Esaü, fréquemment soulignée dans les Écritures, reprise par tous les commentateurs talmudiques et leurs héritiers jusqu'à nos jours. Esaü, pour eux, représente un type humain qui s'incarne dans la civilisation d'Athènes, dans l'histoire et la culture de Rome, de Byzance et de leurs successeurs actuels sur la scène universelle. Mais le Talmud l'identifie de préférence au « Romi », à l'homme romain qui a créé la civilisation occidentale. C'est aux mains sans compassion du « Romi », ce juriste, ce soldat-né,

---

1. On lira dans ce contexte, la prophétie biblique d'Obadiah (Abdias) sur le sort final de la « maison d'Esaü » : « La maison de Jacob sera un feu, et la maison de Joseph une flamme. Mais la maison d'Esaü sera du chaume, qu'elles allumeront et consumeront ; et il ne restera rien de la maison d'Esaü » (v. 18).

qu'Israël a connu sa destruction en l'an 70, son exil bimillénaire dans la dispersion européenne, les persécutions sans fin, et enfin le génocide des années 1940 en terres d'antique obédience impériale romaine, germanique et chrétienne.

S'il faut en croire la parabole talmudique, Esaü ne hait pas seulement Jacob parce qu'il lui a vendu librement son droit d'aînesse. Il l'exècre aussi, et surtout, « à cause de la bénédiction dont son père l'avait béni », lui Esaü, après avoir donné par erreur sa première bénédiction à Jacob, par suite d'une supercherie géniale de Rébecca, leur mère. Quelle est cette bénédiction de second ordre, qu'Esaü éploré réussit à arracher à Isaac vieux et aveugle ? : « Tu vivras de ton épée » (Gen. XXVII, v. 40).

Pour subsister, Esaü est condamné à tuer — à vivre de son glaive. Pareil sort fera de la bénédiction redoutable, que lui accorde à regret Isaac, son malheur et le nôtre dans la suite des siècles ! L'épée, confiée à Esaü par la parole fatale de son père Isaac, devient entre ses mains une croix pesante, en attendant que dans la Rome pieuse des Croisés et des Inquisiteurs, Esaü ne fasse de sa croix une épée meurtrière, selon la forte expression de Léon Ashkenazi. A la fin du chapitre XXVII de la Genèse, Jacob apprend, par la bouche de Rébecca : « Ton frère *se prend en pitié* d'avoir à te tuer » (v. 42). L'assassin a toujours le cœur tendre pour lui-même, juste avant de commettre son crime...

Plus tard, lors des funérailles d'Isaac, commente la tradition, Esaü s'est repenti du côté de son père. Mais jamais il n'a fait acte de contrition devant sa mère Rébecca, génitrice de la collectivité d'Israël à travers son fils favori Jacob. Esaü, finalement, revient à la foi en Elohim, Dieu de la rigueur et du jugement, devant la tombe de son père Isaac. Mais par jalousie pure il persévérera jusqu'à l'avènement messianique dans sa haine viscérale et fraternelle du peuple d'Israël, son rival face à l'absolu. Le nom d'YHWH, le visage de la charité infinie du Créateur, lui demeure inconnu, parce qu'il l'a refusé et nié dans son cœur.

Selon le Talmud, Dieu ne demande qu'une seule chose à l'homme : « Tu aimeras ton prochain (ton rival) de la manière dont tu t'aimes toi-même » (Lév. XIX, 17). En effet, l'unique chose que Dieu ne puisse donner à l'homme, c'est la paix et la plénitude qui seraient les fruits de cet amour. La paix, état surnaturel, n'appartiendra qu'à l'homme de la fin des temps : qui veut en hâter l'avènement par la force, la repousse d'autant. Seule la bénédiction d'en haut apportera la paix entre frères qui n'est pas encore de ce monde. La paix finale ne peut donc se réaliser qu'aux conditions exigeantes énoncées dans la Tora pour amener la rédemption d'Israël.

Quelle est la situation d'Esaü dans ce contexte ? D'après les textes du Maharal de Prague, interprétés par Léon Ashkénazi, la valeur numérique hébraïque du nom d'Esaü (376) équivaut à celle de *shalom*, la paix. Par ailleurs, l'anagramme d'Esaü, *'Asouï*, signifie : achevé, parfait. Esaü existe donc dans la plénitude et la paix de ce monde-ci [1]. Mais c'est là une fausse paix, une plénitude trompeuse. Contrairement à celle du monde à venir, — qui lui échappe et qu'il rejette —, la paix de ce monde, la paix d'Esaü, c'est la mort. Que signifie en effet la paix de maintenant, sinon un cycle de guerres perpétuel ? L'état de nature, c'est la concurrence sans merci entre créatures rivales et féroces. Cette violence imminente, le légalisme romain la contiendra parfois, mais ne l'exorcisera jamais, bien au contraire, car il a partie liée avec elle dans l'histoire.

Le Maharal de Prague souligne qu'Esaü — 'Asouï — est achevé trop tôt. Doué comme Caïn (« acquis avec Dieu ») d'une perfection illusoire, il ne peut que tuer le temps, ou autrui... Mais il ne saura pas vivre *dans* le temps, pour y faire réussir avec Abel son frère le projet de rédemption universelle. Le temps n'ayant plus d'objet pour

1. *Moushlam de 'Olam-hazéh.* Cf. *Nétiv-Hashalom, Netsa'h Israël.*

154

lui, comment et à quoi bon y acquérir le mérite d'être ? Il ne lui reste donc qu'à se livrer au mal : puissance, jouissance, violence, drogues, ennui. Or, l'anéantissement du temps [1] est le crime suprême, auquel s'abandonnent Caïn comme Esaü. Pour eux, toute durée est « inutile », puisque vécue seulement comme une dégradation de la temporalité, une entropie à laquelle ils se soumettent aveuglément.

Alors que le temps vivant continue à durer, à se renouveler au cours de chaque lunaison, l'impur coïncide avec ce qui est déjà achevé, abouti, poussé à bout : comme une belle morte, avec son apparence de perfection figée. Tuer le temps, se hâter de rejoindre le néant de la mort, voilà donc le mal humain dans son essence. Quelle serait alors la finalité du temps ? C'est, disent les sages, l'acquisition du mérite d'être par l'exercice quotidien de la conscience morale. Or, cela, ni Caïn ni Esaü ne l'ont jamais accepté ; ils se suffisent à eux-mêmes, au fond de leur cœur orgueilleux et rebelle.

D'où vient alors le sentiment de désespoir et de damnation qu'éprouve en même temps Esaü ? Pour lui, contrairement à Jacob, le Dieu d'Abraham n'est jamais qu'Elohim, le juge souverain

1. *Bitoul-hazemane.*

de l'univers, créateur de la loi naturelle — de la règle impersonnelle et sans merci, qui régit notre vie comme notre mort solitaires. Lorsqu'il s'adresse à cette face de Dieu seulement, il est mis vis-à-vis d'une nécessité cosmique sans personne, et partant sans réponse humaine ; il devient la proie d'une absence qui a vite fait d'anéantir en lui le sens de sa propre personne. Il est vain, en effet, d'interpeller avec amour et ferveur une loi administrative neutre du type romain : indifférente à l'âme du suppliant qu'elle écrase, elle rend anonyme celui-là même qui l'invoquerait du fond de son cœur.

La conception d'une Tora ou doctrine de vie personnelle émanant d'un Dieu qui dirait *Anokhi* (Moi), la pensée de quelqu'un parlant en son propre nom — « Je suis YHWH » —, avec qui l'homme pourrait se mettre en relation d'intimité, discuter de son avenir comme un fils devant son père, n'effleurent jamais Esaü. Pour lui derrière la vie et la mort il n'y a personne, sinon les lois muettes du cosmos qui nient tout « souffle parlant » en tant qu'être unique et irremplaçable. De cette double rencontre avec une béance vertigineuse et avec une fatalité sans recours naît, chez Esaü, le sens tragique de l'existence humaine.

Le strict déterminisme de la nature et les exigences de l'éthique étant contradictoires, il ne saurait exister ici-bas de « morale naturelle » au sens propre du terme. Aux yeux d'Esaü il n'est rien de commun entre la *réalité* terrestre, la seule tangible pour lui, (mais qui s'ouvre sur la fosse de la corruption), et une *vérité* morale transcendante. Celle-ci demeure inaccessible à son esprit négateur de l'idée de sainteté, (sauf parfois sous la forme idolâtrique du sacré). Entre la réalité et la vérité, « tombe l'ombre » de la mort, qui est la suprême révélation, ou l'insignifiance même. Le passage du temps ne saurait rien y changer, car pour Esaü, comme pour T.S. Eliot, « tout temps est irrachetable [...] Le temps n'est pas guérisseur : le patient n'est plus guère ici [1] ».

Selon la vision de la Tora, au contraire, Dieu fait l'homme *dans* la dimension de la durée. Pour lui donner sa seule chance de salut, il étire l'identité encore imparfaite d'Adam à travers tous les engendrements et les enlisements de son histoire, afin de l'amener peut-être un jour à sa justification finale. Ainsi seraient démentis les doutes et les accusations des anges de la Vérité et de la Paix qui s'opposaient à la création d'Adam au soir du sixième jour, parce qu'ils prévoyaient trop clairement ce qu'il serait : un fieffé menteur et un fauteur de guerre.

La traversée de l'histoire, cette maladie chronique d'Adam, nous « donne le temps » de mériter

---

1. *Four Quartets*, Harcourt Brace, 1943, pp. 3 et 25.

un peu plus notre être, amoureusement créé
« dans les prémices » à la ressemblance de Dieu.
Le soir de la création d'Adam, raconte le *midrache* talmudique, l'Éternel, passant outre aux
objections de l'ange de la Vérité, a fait taire celle-ci et « l'a jetée à terre », pour ne plus entendre
monter ses critiques contre l'homme jusqu'au
jour du Jugement dernier. A ce moment-là, supputait notre Créateur, « la Vérité germera de la
terre ». L'homme adamique, si longtemps contesté par la Vérité, aura réussi et justifié son être
douteux à travers les épreuves de sa dure
histoire terrestre. (Ps. 85, v. 12).

Pour Abraham, la plénitude désirée est donc
sans cesse différée, sinon remise à la fin des
temps. De même, son petit-fils Jacob aspire à
« aller *vers* sa paix » dans le monde à venir. Mais
son grand frère Esaü préfère « aller *dans* sa
paix », *hic et nunc*, dans le monde de la corruption. Le vrai drame de Caïn et d'Esaü, c'est de
croire, avec Lucifer, qu'ils possèdent la perfection en eux-mêmes. Jugeant autrui du haut de
leur suffisance, qu'ils prennent pour de l'exigence, ils ne tolèrent dans leur monde fait d'instants isolés que la poésie pure, au détriment de la
prose quotidienne méprisée qui les engloutira au
dernier jour. Alors que le peuple d'Israël, assemblé au pied du Sinaï pour le don de la loi,
s'exclame : « *Naassé ve-nishma'* », « Nous agirons
d'abord, et puis nous comprendrons ! (la Tora) »,
Esaü, selon le commentaire de Rashi, eût sans

doute répondu avec son arrogance coutumière :
« Nous agirons, et nous achèverons [1] ».

Esaü, le tueur fatigué et neurasthénique, le marcheur vers la mort, épousera sur le tard une fille de son oncle Ismaël nommée, comme par hasard, Ma'halath (la Maladie...), (Gen. XXVIII). « Drôle de ménage », eût dit Rimbaud ! Par une curieuse coïncidence, Amalek, le tueur des faibles et des traînards du camp d'Israël, sera le petit-fils d'Esaü, en même temps que descendant direct d'Ismaël, l'ancêtre biblique des Arabes : alliance redoutable pour les fils de Jacob, que celle d'Esaü avec Ismaël ! Nous en savons quelque chose, à Jérusalem, depuis quelques décennies...

Tout, dans le comportement d'Esaü, époux de Maladie, annonce notre Occident tardif, celui que ronge « la maladie jusqu'à la mort » diagnostiquée par Kierkegaard. Ces attitudes fondamentales se lient en chacun de nous au refus ou à l'acceptation d'un destin qu'elles dévoilent : ou bien j'acquiesce — mieux encore : je désire le subir —, et c'est le sort d'Esaü ; ou je refuse de m'y plier, même si autrui me l'impose ; je détourne ma tête, dussé-je en périr, je ne consens pas à regarder du côté de l'image fatale. Alors je ne vois pas mon destin inscrit d'avance dans les traits du « pendu peint », du jeune Juif de Nazareth cloué mort sur la croix vertigineuse qui barre tout l'espace du monde. « Il n'y a pas

---

1. *Naassé ve-nigmar.*

d'astre (dans le Zodiaque) pour Israël », lit-on dans le Traité des Pères.

Voilà ce que m'enseignait à sa façon mon grand-père Léopold de Seebach en Alsace, dans la simplicité de son âme juive millénaire. C'était un modeste campagnard bas-rhinois, un marchand de céréales, de noix et de houblons, très peu lettré au demeurant. Il faisait penser à un hercule de foire plutôt qu'à un docteur de la loi.

Ce colosse hébreu un peu primitif, plein de naïveté et parfois de tendresse humaine, m'apprenait également que je ne devrais jamais me coucher par terre dans la cuisine, ni me rouler sur la table de la salle à manger. Cette curieuse doctrine complétait l'interdit jeté sur la statue du crucifié dressée au sommet des calvaires des villages ou des prairies environnantes. Pourquoi n'avais-je pas le droit de me vautrer librement, comme font tous les autres garçons, sur le plancher de chêne bien ciré et sur les vieux meubles en noyer massif de la maison paternelle ? Parce que, dans le rite funéraire d'Israël, ce sont les morts que l'on étend au ras du sol dans leur cercueil juif fait de simple bois de pin, taillé en losange. On y dépose les cadavres enroulés dans le talith, après les avoir lavés à grande eau, puis revêtus de leur tunique de lin blanc sur une planche posée entre deux chevalets. Ils attendent là, après l'unique veillée funèbre, l'heure hâtive des obsèques. « Alors, tant qu'on n'est pas mort, opinait mon aïeul à la suite de tous les sages du Talmud de Babylone, il ne faut ni se coucher par terre ni s'allonger sur une table. »

Léopold ne pouvait m'expliquer exactement les motifs théologiques du tabou, mais nous en devinions fort bien la nature profonde. Lui non plus, à quatre-vingts ans sonnés, ne tenait à se coucher par terre trop tôt, pour y passer sa dernière nuit parmi les vivants de ce monde. En tout cas, il en parlait le moins possible ; la pensée de ce qui allait se produire, une fois réduit à l'état de gisant privé de souffle et de langage (le contraire du « vivant qui parle » de l'Écriture), déclenchait en lui le réflexe du silence : « *Pfùtzikapporès* », « Immonde ! », s'écriait-il, dans son patois judéo-alsacien, quand on causait devant lui de maladies mortelles ou de cadavres en décomposition. Celui qui sait, comprenne : moins on en dira, et mieux cela vaudra.

Chose incroyable, ce monde-là a coexisté, et même coïncidé en partie avec l'Occident gréco-latin. En effet, une des deux racines de l'univers d'Esaü est commune au judaïsme et au christianisme : c'est la tradition de la Bible à travers ses maints avatars diasporiques. Mais rien ne le laisserait croire, à première vue, si nous considérons notre environnement psychique et social ! Tout ce qui vient en ligne droite de Jacob-Israël a été piétiné, rejeté, défiguré, profondément refoulé dans l'inconscient antijudaïque d'Esaü : le plus ardent désir de celui-ci fut très longtemps d'oublier cet héritage embarrassant. Il a donc tout fait pour le taire à mort dans l'étendue de la chrétienté. Afin de s'en préserver, il lui fallait affirmer un autre aspect de cette parole de vie occultée. Il préféra donc lui substituer les icônes immobiles et muettes, les statues de pierre peinte porteuses du destin accompli, qui rayonnent en silence entre la terre et le ciel. L'*image*, source d'hypnose et de sidération, lui parut moins compromettante que la « *voix* de Jacob » haïe. L'idolâtrie du visible n'exclut pas le silence de la contemplation. Elle renforce au contraire une relation impersonnelle, dont autrui vivant est savamment écarté.

Ceci nous concerne tous, juifs diasporiques aussi bien que chrétiens d'Occident, dans la mesure où nous avons poussé ensemble sur le sol complexe où est enfoui notre double héritage commun. Aussi peu que Jacob, Esaü n'émerge indemne de ce conflit fraternel, même après deux mille ans de christianisme. Mais nous devons reconnaître d'abord que le message proprement hébreu a été accueilli par les Églises avec une surdité de pierre (*Tu es Petrus !*) dans l'ordre de la culture, de l'éthique et de la psychologie. Un *non possumus* total fut opposé à Israël par l'Église dès son triomphe politique sous l'empereur Constantin, puis maintenu, imposé, transmis par elle à toute la civilisation qui s'y réfère historiquement.

L'Église victorieuse alliée à l'Empire romain s'est arrogé, avec le titre, les privilèges exclusifs de Verus Israël, enterrant allégrement l'Israël réel, Israël humain, vivant, souffrant selon la chair et le sang, sous les ruines de l'incendie du Temple, dont elle profitait. Comment ne pas penser, une fois de plus, aux paroles qu'adressa le prophète Elie au roi Achab après la malheureuse affaire de la vigne de Naboth : « Tu as assassiné, et tu as aussi hérité » (de ta victime) ? Un tel legs brûle et détruit celui qui s'en repaît, car la substance spirituelle détournée par la violence empoisonne l'âme qui voudrait s'en nourrir et se l'approprier. Dans cet égarement des pensées et des conduites humaines se dévoile à la fin la punition du spoliateur. Le roi Achab, la reine Jézabel et leur dynastie n'ont pas survécu paisiblement à l'histoire de la vigne de Naboth, iniquement lapidé puis dépouillé par son superbe prédateur : « Les chiens mangeront Jézabel près du fossé de Yézrahel. Celui de la maison d'Achab qui mourra dans la ville sera mangé par les chiens, et celui qui mourra dans les champs sera mangé par les oiseaux du ciel. » A ces versets des deux livres des *Rois* fait écho, chez Racine, ce passage du rêve d'Athalie :

« Ma mère Jézabel à mes yeux s'est montrée...
Mais je n'ai plus trouvé qu'un horrible mélange

D'os et de chairs meurtris et traînés dans la fange,
Des lambeaux pleins de sang et des membres affreux
Que des chiens dévorants se disputaient entre eux... »
(Athalie, II, 5).

Dans la conscience de l'Occident moderne, c'est à travers la découverte traumatique du néant que s'exprime, et se réalise en même temps, l'expérience constitutive de l'esprit d'Esaü : « Fatigué est mon Moi [...] Je suis un marcheur vers la mort. » Dans notre univers mental, dont le visage d'autrui est exclu, la « crainte de Dieu » biblique s'éprouve désormais de manière négative, comme la preuve par l'absence de ce qui sans cesse se dérobe à nous, mais nous entraîne à sa suite vers le vide qui aspire. Il y a en nous complaisance et attirance vers le mal, vers ce qui fait tomber dans un abîme effrayant où s'annule le sens de toute vie. S'il réussit à se débarrasser pour de bon de Jacob-Israël, son jumeau Esaü, ce tueur suicidaire, mènera tout droit le monde d'aujourd'hui au génocide atomique. Qu'est-ce qui pourrait l'en empêcher, le marcheur vers la mort ? Son droit d'aînesse spirituel tourné en dérision et vendu ? L'Esprit mortifère d'Esaü doit être démasqué et abattu, si l'humanité actuelle prétend échapper *in extremis* au désastre qui la menace.

Nul mieux que Friedrich Hölderlin n'a exprimé l'effacement du sens, et la chute de la conscience égarée dans la nuit :

164

« Comme mon bonheur, tel est mon chant. Veux-tu
                    [dans la rougeur du crépuscule
Avec joie te baigner ? Déjà il a fui, et la terre est froide
Et l'oiseau de la nuit volette
Semant le malaise, devant ton œil... »

« ... Malheur à moi, où prendrai-je, quand
C'est l'hiver, les fleurs, et où
L'éclat du soleil
Et l'ombre de la terre ?
Les murailles se dressent
Sans langage et froides, dans la rafale
Claquent les drapeaux. »

« ... ou aussi
dans la nuit, quand, pêle-mêle, tout
Est sans aucun ordre
Et quand revient
L'antique confusion. »

« C'est pourquoi j'erre ici et là, pareil aux ombres,
                                    [ainsi dois-je
Vivre, et dépourvu de sens paraît longtemps ce qui
                                    [reste, pour moi. »

Dans un fragment poignant, qui date sans
doute des années où sa pensée s'abîme dans la
folie, Hölderlin évoque avec amertume le rêve
grec d'une « belle humanité » libre et noble :

                    « ... En quoi cela m'aide-t-il,
Qu'une fois il y eut de beaux êtres humains ? »

Certes, un grand fleuve de *virtú* a traversé

l'histoire, éveillant sur son passage « mille œuvres et pensées » :

« Doch dieser Strom, er ward zunichte,
Er ward zum ekeln Sumpf, zum Wort [1]. »

Le courant héroïque s'est anéanti, la valeur s'est figée dans le marécage nauséabond du *mot*, refuge ultime et dérisoire de l'insignifiance, « Aboli bibelot d'inanité sonore »... L'engloutissement dans le non-sens verbal offre au poète une triste compensation pour la perte de la parole divine, la ruine du monde et de soi-même !

« Ah, nul et vacant, tels des murs de prison, le ciel,
Une charge accablante, sur la tête me pèse !
Je voudrais célébrer : mais vers quoi ?... »

(Plainte de Ménon).

1. « Mais ce torrent s'est mué en néant,
Il se changea en marais répugnant, en Mot. »

X

C'est dans ce vertige, et parfois contre lui, qu'ont vécu, lutté, chanté les poètes qui se sentent moralement responsables du sort de l'homme à notre époque. Ainsi, R.M. Rilke, dépassant le nietzschéisme naïf de sa jeunesse, a voulu célébrer ce qui est d'ici, « *dans Hiesige* », dans les œuvres majeures de sa maturité : les *Élégies de Duino*, les *Sonnets à Orphée*, les *Poésies posthumes*, injustement méconnues de nos jours encore. Il a loué le « *Hiersein* », l'être-ici, en termes concrets, évoquant avec amour et nostalgie, comme choses déjà perdues ou en train de disparaître du domaine de l'homme technologique, l'arbre, le raisin, le lézard, la maison, la fenêtre et la gentiane bleue... Cet aspect de Rilke m'a ému et marqué, surtout aux alentours de ma trentième année, alors que je luttais pour garder le contact intime avec mes réalités originelles dans l'anonymat et l'espace vacant de mon exil américain. Pouvais-je m'assurer encore de la proximité des apparences matérielles dans un monde de plus en plus froid et abstrait ? Avec tendresse et passion, comment essayer d'y construire un foyer, d'y fonder malgré tout un séjour humain véritable ?

Comme Hölderlin le fit avant lui, Rilke vieillissant avait rêvé d' « habiter poétiquement sur la terre ». Dans la IXe *Élégie de Duino*, il énumère avec nostalgie les éléments de la demeure humaine menacée par « les objets vides et indifférents, les pseudo-choses venues d'Amérique ». Combien de temps encore le poète européen pourra-t-il dire :

« Maison, pont, fontaine, porte, cruche, verger, fenêtre, tout au plus colonne, tour ? »

Mais tout de suite surgit la difficulté qui fait de Rilke le poète typique de l'Occident tardif, cherchant en vain un équilibre instable, toujours déchiré entre deux mondes. Au cœur de son désespoir, Hölderlin avait su prononcer encore une parole salvatrice :

« Sans peur, ainsi doit-il être, l'homme
Solitaire face à Dieu...
    si longtemps, jusqu'à ce que le faillir de Dieu
                  [secoure. »
                  (*Vocation du poète*).

Rilke n'a guère trouvé en soi une force suffisante pour traduire en actions ce message héroïque. N'ayant pas mis assez de confiance *dans* le vide de l'absence, ni de loyauté *dans* la peur née de la défaillance de Dieu, Rilke recule. Placée devant l'alternative de la mort ou du dangereux saut dans la foi, sa pensée religieuse prend un brusque tournant vers l'idéalisme, qui se traduit dans l'œuvre poétique par l'appel à l'invisible.

Déjà les *Cahiers de Malte Laurids Brigge* (1910) s'ouvraient sur cette note parisienne désolée : « Ainsi, les gens viennent ici pour vivre ; j'inclinerais plutôt à croire qu'ici s'accomplit le mourir. » De nombreuses années plus tard, Rilke écrit à son traducteur polonais W. Hulewicz, à propos de l'expérience mortelle consignée dans les *Cahiers*, que « cette vie à tel point suspendue *"ins Bodenlose"*, dans l'abîme sans fond, est impossible. A partir des mêmes circonstances, la vie redevient possible dans les Élégies. L'acquiescement à la vie *et* à la mort se révèle unique et même chose dans les Élégies » (13 novembre 1925). On retrouve ici, presque mot pour mot, quoique dans un sens légèrement différent, la formule déjà citée de Hölderlin : « *Leben ist Tod, und Tod ist auch ein Leben.* »

Dans la même lettre de 1925, Rilke précise ainsi sa pensée : « Notre devoir est d'imprimer en nous si profondément, avec tant de douleur et de passion, cette terre provisoire et périssable, que son être ressuscite en nous "invisiblement".

Nous sommes les abeilles de l'invisible. Nous butinons éperdument le miel du visible, pour l'accumuler dans la grande ruche d'or de l'invisible. Les Élégies nous montrent à l'ouvrage, attelés à cette tâche de métamorphoses continuelles du visible et du tangible que nous aimons en vibration et agitation de notre propre nature, qui introduit de nouvelles fréquences dans les sphères vibratoires de l'univers. » Certes, nous extrayons le nectar, la substance vivante des choses qui nous environnent, rose, raisin, maison, verger, créatures saintes de l'ici et du maintenant mortels ; mais cela ne suffit pas.

De même, pour Rilke, l'amour charnel déçoit notre plus intime désir, car il est en même temps vertige de la perte, engloutissement dans l'abîme impersonnel. Nous lisons dans la IIe *Élégie* : « Amants, *est-ce* encore vous ? Quand vous vous portez à la bouche l'un de l'autre et que vous buvez, oh ! qu'étrangement le buveur s'évade de son acte. » De l'amour à l'horreur primitive, la distance est nulle : « Quand nous aimons, une sève immémoriale monte en nos bras » ; en descendant dans ce « sang plus ancien », Rilke évoque « les gouffres où gisait l'effroi, nourri encore par les aïeux... Oui, l'horrible lui sourit ! » (IIIe *Élégie de Duino*, traduction R. Biemel). Vivre dans le temps veut donc dire aussi mourir, ressortir du temps protecteur mais transitoire comme s'échappe l'insecte individualisé du cocon déchiré d'une chrysalide. Pris de terreur,

Rilke « flanche » ici. Il ne peut pas faire confiance à l'ambiguïté de la durée, il n'est pas totalement fidèle au *Hiersein* tant prôné. Dès les *Cahiers* de sa jeunesse parisienne, mais surtout dans les dernières grandes œuvres, s'exprime ce retournement.

Que signifie la transmutation du « miel du visible » en « vibrations invisibles de notre propre nature », thésaurisée par nos soins « dans la grande ruche d'or de l'invisible » ? La substance sensible intuitivement touchée par notre corps semblable à un sismographe géant, la sève goûtée des fruits, des fleurs, des corps vivants, l'air réel aspiré en ce moment même par le gosier où commence à se former la parole humaine, tout cela doit être transformé, purifié, dématérialisé. Pour Rilke, la lymphe brute du monde, le nectar du visible ne sont ni durables ni assurés : c'est l'évidence même. Le poète souhaiterait ici-bas une garantie. Mais il n'existe point de garantie pour nous, sinon l'épreuve du temps qui s'effrite avec nous, dans le passage menaçant du défilé. L'assurance ne se trouve nulle part, sauf dans le risque absolu.

Cette inquiétante garantie peut s'appeler l'esclavage en Egypte ; elle englobe l'armée babylonienne qui vient incendier Jérusalem, l'exil d'Occident, les bûchers des Croisades ou de l'Inquisition espagnole. Elle inclut les vexations séculaires du ghetto, la chambre à gaz et les fours crématoires d'Auschwitz, autre haut lieu de la civilisation d'Esaü. La garantie unique réside dans la terreur d'être au monde, sans mérite propre, — ce que l'on appelle à juste titre la « crainte du Seigneur ». Découvrant pour la première fois l'abîme parisien avec Malte dans les *Cahiers*, Rilke se sentira souvent paralysé devant l'indicible horreur d'exister ici-bas pour rien, sans but ni justification. On le serait à moins... D'où, chez lui, une certaine mystification affective, destinée à exorciser l'épouvante insoutenable face à la réalité terrestre. Il fait intervenir alors la figure de l'Ange, « pollen de la divinité en fleur », fruit parfait de la transmutation (poétique) de l'immédiat intolérable en un ailleurs « invisible », intemporel et glorieux.

Fasciné par le modèle de l'ange, qui est en même temps sa créature idéale dans l'univers potentiel qu'il aspire à édifier par son art, le poète médiatise la réalité brutale et opaque du monde actuel ; car, écrit-il à W. Hulewicz, « la terre n'a plus d'autre refuge que de devenir invisible : *en nous*... L'ange des Élégies est cette créature, dans laquelle la métamorphose du visible en invisible, que nous effectuons, apparaît déjà accomplie ».

Citant Rilke, Maurice Blanchot remarque dans

l'Espace littéraire (Gallimard, p. 320), que l'œuvre d'art, « liée à un risque, est l'affirmation d'une expérience extrême ». C'est celle-ci que Rilke tente d'esquiver en la « transmutant » dans l'invisible et en mettant la métamorphose sur le compte de l'ange. Rilke revient ici à la leçon de Baudelaire et de Mallarmé, ces « parfaits chimistes », qui concevaient le poète comme *transformateur* de la Création visible en un univers spirituel de nature ambiguë, à la fois édénique et infernal — « ange ou sirène, qu'importe ? » Il ne s'agit pas de se faire le complice de la Création, ni de coopérer avec elle pour avancer ensemble vers un avenir inconnu, à la fois splendide et effrayant, sans jamais poser au Créateur des conditions d'association préalables. En distinguant la sève brute de la fleur visible du miel spirituel raffiné qui devra s'accumuler dans la ruche d'or de l'invisible, Rilke choisit d'avance la séparation entre les deux sphères d'existence.

L'ange, l'abeille, le poète sont à la fois les lieux et les agents de la grande mutation du matériel en spirituel : cette opération masque le néant sous-jacent qui menace de resurgir, à chaque instant, du passage et de l'effondrement des choses périssables sous nos pas chancelants. Ainsi la secousse sismique quotidienne, l'insécurité permanente de l'existence profane, liées au jugement moral de tous nos actes, sont transformés commodément en un pur poème de gloire. Le don de vivre opaque et transitoire se mue en image transcendantale. Dans l'âme d'Esaü, l'être au monde humiliant de l'homme se rêve idole surhumaine, libre de toute culpabilité à l'égard de soi, de Dieu, et d'autrui surtout. Nous voici entrés magiquement dans un monde qui serait « tout entier Shabbath ». Mais il est achevé trop tôt, sa perfection fictive est celle, meurtrière, d'Esaü. Chez Rilke, en fin de compte, le temps aussi est devenu l'espace, comme le souligne Maurice Regnaut dans son introduction à la traduction française de *la Princesse blanche*[1].

Dans l'expérience de Proust, on trouve une évolution assez semblable : l'aventure actuelle du corps et de la conscience doit passer par l'épreuve funèbre de l'oubli, pour magiquement ressusciter grâce à l'intervention de la mémoire involontaire ; dans ces limbes, elle sera purifiée, détachée de ses racines matérielles grossières. Après ce puissant effort de séparation, le souve-

---

1. « Dans *la Princesse blanche* [...] se trouve énoncé ce qui est peut-être la formule clé de la poétique rilkéenne : *«Und die Zeit ist Raum»* — « Et le temps est espace »... Le temps entier d'une vie est devenu cet espace (*théâtral*) où va se jouer, geste et son, signe de main et bruit de barque, un destin — toute une durée qui a donné cette image et cette image elle-même sens total : quand elle s'effacera, tout sera accompli. » C'est l'épuisement final de la durée par l'espace que met en relief Maurice Regnaut dans son texte « La mort petite et la grande mort » (*Action poétique*, « Selon », p. 7, non daté).

nir survivant au cœur des « instants privilégiés »
revient comme un fantôme miraculeux, une visi-
tation angélique innocente éclipsant tout fait de
nature. Proust conjugue génialement la parole
poétique verticale, correspondant aux « moments privilégiés » — les Anges de Rilke —, avec
le récit horizontal, le flot sans limites de la prose
romancée qui charrie lourdement, en ricanant,
l'irrémissible culpabilité humaine.

En ce sens, *A la recherche du temps perdu* peut
être considéré comme une authentique version
moderne des « paroles des jours » bibliques, avec
leur balancement juif caractéristique entre la
narration souvent ironique et le chant, la contingence et le surnaturel paradisiaque ou terrible.
Mais autour des icônes sacrées que lui restituent
les moments privilégiés, Proust a voulu surtout
construire la cathédrale de l'art absolu, érigée
hors du temps et de l'espace hasardeux, dont il
célèbre le triomphe problématique dans les dernières pages du *Temps retrouvé. Dans l'œuvre de
Proust, fruit du marranisme caché au sein de
l'esthétique occidentale, se manifeste donc
l'incertitude ou le conflit entre deux conceptions
opposées des rapports de la vie et du langage, de
la littérature et de l'histoire, de la prose et de la
poésie* [1].

1. Cf. *les Artistes de la faim*, essais, Calmann-Lévy, 1960.

Dans un fragment de poème tardif, Baudelaire invoque le témoignage de ces garants spirituels parfaits que sont les « anges revêtus d'or, de pourpre et d'hyacinthe » ; les anges seuls peuvent justifier son œuvre d'alchimiste ou d' « âme sainte », qui a réalisé la transsubstantiation poétique majeure, « la divine transposition, pour l'accomplissement de quoi existe l'homme, [...] du fait à l'idéal », comme l'affirmera Mallarmé dans les Divagations :

« Car j'ai de chaque chose extrait la quintessence,
Tu m'as donné ta boue, et j'en ai fait de l'or. »

Dans *Variations sur un sujet* et *la Musique et les Lettres*, nous trouvons la formulation complète d'un système d'idées esthétiques qui « adoptent, comme rencontre, le point d'un Idéalisme qui [...] refuse les matériaux naturels et, comme brutale, une pensée exacte les ordonnant ; pour ne garder de rien que la suggestion [...] Parler n'a trait à la réalité des choses que commercialement : en littérature, cela se contente d'y faire une allusion ou de distraire leur qualité qu'incorporera quelque idée [...] Cette visée, je la dis Transposition [...] Un désir indéniable à mon temps est de *séparer comme en vue d'attributions différentes* le double état de la parole, brut ou immédiat ici, là essentiel [...] A quoi bon la merveille de transposer un fait de nature en sa presque disparition vibratoire selon

176

le jeu de la parole, cependant ; si ce n'est pour qu'en émane, sans la gêne d'un proche ou concret rappel, la notion pure ».

Celle-ci est du domaine de l'ange rilkéen, habitant d'un royaume céleste que doit à la fois susciter et émuler le poète : « Nous sommes ces transformateurs de la terre, toute notre existence, les envols et les plongées de notre amour, tout nous rend aptes à cette tâche », écrit encore Rilke à W. Hulewicz [1]. Contrairement à nous, l'ange doué déjà de « conscience infinie », « est cet être qui se porte garant de la prise de connaissance d'un plus haut degré de réalité dans l'invisible. Il est "terrible" pour nous, parce que nous, ses amants et ses transformateurs, nous sommes encore attachés au visible » (*ibid*). Mallarmé définit, de façon semblable l'acte d'écrire qui « se scruta jusqu'en l'origine » : « Son sortilège, à lui, si ce n'est libérer, hors d'une poignée de poussière ou réalité sans l'enclore, au livre, même comme texte, la dispersion volatile soit l'esprit, qui n'a que faire de rien outre la musicalité de tout ».

Paul Valéry, dont le Faust se proclame « excédé d'être une créature », a été tenté toute sa vie par « la Nature angélique ». « Qu'entend-il

1. A propos de Rilke, cf. *l'Art et le Démonique*, Flammarion, 1978, pp. 63-77.

par ces mots ? Ce qui est pur en soi. » (*Cahier* 21, p. 596). Alors que l'Ange existe « dans sa substance spirituelle merveilleusement pure », « il y a dans l'homme un réflexe intense de vomissement de sa condition d'homme » (*Cahier* 18, p. 91). « Et même n'être pas homme. Ceci est la clef de Moi » (*Cahier* 13, p. 30). En guise de commentaire au célèbre poème tardif de Valéry intitulé *l'Ange*, citons enfin cette réflexion qui rappelle à la fois Monsieur Teste et Mallarmé : « J'aurais voulu te vouer à former le cristal de chaque chose, ma Tête ! [...] pour en tirer les puretés qui te fassent ton monde propre, [...] de manière que ta lumière dans cette structure réfringente revienne et se ferme sur elle-même dans l'instant, substituant à l'espace l'ordre et au temps l'éternité » (*Cahier* 4, p. 281) [1]

Dans la pensée de Rilke prise en sa maturité on décèle le même arrachement à l'ici et au maintenant. Les abeilles ouvrières du langage poétique finissent par effectuer la métamorphose totale, ou *Wandlung*, des expériences concrètes de « ce jour-ci » en miel de l'invisible, hors du temps vécu et de l'espace passagers de notre monde mortel.

1. Cf. l'étude d'A. Livni, *la Recherche du Dieu chez Paul Valéry*, éditions Klincksieck - P.U.M., 1978, chap. X, pp. 422-434.

A partir du moment où j'ai compris, dans ses intentions dernières, le sens du *retournement* dans la pensée de Rilke, je n'ai pu que m'en éloigner afin de préserver en moi l'intuition unitive, que sa poésie niait en réalité au plus profond d'elle-même. La séparation s'est faite sur un seul point, mais décisif : il faut rester ici, résister à la tentation de raffiner le nectar du visible en miel purifié de l'invisible, refuser d'arracher à ce monde son ombre d'absolu, d'en dégager pour toujours la structure de cristal abstraite, afin de l'accumuler pour l'éternité, par le truchement de la poésie, dans la « grande ruche d'or » céleste, faite de mots transsubstantiés en « notions pures », en idées, en essences angéliques. « On ne part pas » : c'est la leçon salutaire de Rimbaud au sortir de la *Saison en Enfer*, (« Enfer ou Ciel, qu'importe ? »).

L'unique grenier à paroles dont nous disposions, c'est notre gosier, l'aire de battage où nous libérons le grain réel des vocables dont se nourrit la tribu des hommes. Ma seule langue vivante s'agite en cet instant même entre mes lèvres, elle ne dort pas dans le Livre sacralisé jalousement refermé sur soi-même comme une crypte funéraire.

En fin de compte, Rilke a choisi le trajet contraire. Il est donc, lui aussi, comme ses maîtres Baudelaire et Mallarmé, « un marcheur vers la mort » dans la tradition d'Esaü. Il subit la résignation, liée à l'éloignement infini qui rend ses anges « terribles » et irréels à la fois : trait occidental caractéristique, qui s'oppose à la fidélité inconditionnelle au devenir de ce monde hasardeux, sur laquelle repose l'alliance d'Abraham.

Dans un ouvrage récent [1] André Neher souligne que c'est l'improvisation divine, avec toutes ses chances de succès, ses périls, ses ratages, qui préside à la Création du monde, continuée jusqu'à nous dans l'histoire des hommes : d'où justement son caractère hypothétique et inquiétant. Rien de sûr, chaque chose créée demeure en suspens, entre l'origine et la réussite, soumise au risque, au doute, à la menace. « Ce qui importe au judaïsme, c'est l'inachevé », notait-il déjà dans *l'Exil de la Parole* [2]. Notre expérience, comme celle du Créateur lui-même, aux prises avec les variables du temps et de l'espace immenses, se place sous le signe douteux du *peut-être*, seul fondement assuré de l'univers. Selon un midrache, après la ruine de vingt-six mondes précédents (!), Dieu s'écrie : « Pourvu que ce monde-ci tienne

---

1. Voir · le *Judaïsme*, Buchet Chastel, 1977, pp. 124-134. « Cette œuvre n'a nullement été méditée ni réalisée selon un plan préétabli, remarque A. Neher, mais, tout au contraire, elle a jailli d'une impréparation radicale, conservant tout au long de son exécution les caractères tour à tour décevants ou stimulants d'une *improvisation* [...] Dès le début, [...] cette histoire est marquée du signe de l'insécurité radicale. »
2. Editions du Seuil, 1970, p. 253.

enfin ! ». Humour de potence du Tout-Puissant...
Même si Dieu détruisait ce monde-ci pour faire
place à une autre Création, où serait la garantie
d'une plus grande perfection, d'une plus grande
justice ? Cette question fut un jour posée à Dieu
par un pauvre et saint homme du Talmud, qui
mourait quasiment d'inanition. « *Peut-être*, lui
répond prudemment le Seigneur, *peut-être*
(*oulaÿ*) le juste y mangerait-il désormais à sa
faim ? — Et ce monde-ci, rétorque le sage scanda-
lisé, tu l'anéantirais d'une chiquenaude pour un
simple *peut-être* [1]? » Mais c'est grâce à ce *peut-
être*, souligne André Neher, que tout est *possible*
aussi, dans le pauvre temps quotidien où s'écri-
vent en prose les paroles, les choses et les actes
issus de notre monde obscur, ambigu, entièrement assujetti à la contingence. Nous sommes là
aux antipodes des *Fleurs du Mal, du Coup de dés*,
des *Élégies de Duino*.

Au moment décisif, Rilke n'adhère pas, ne
« colle » pas à l'ici-et-au-maintenant effrayants,
liés à l'exil en ce monde, que Malte, son héros de
jeunesse, a découverts en rôdant solitairement
dans les rues de Paris. Pour lui, comme pour
T.S. Eliot, « ceci est le mauvais endroit ». A cette
expérience fondatrice, mais insoutenable pour
lui, Rilke substitue la nostalgie du monde céleste,
le rêve d'un royaume d'anges ou d'esprits purs,

---

1. Cette parabole se trouve dans le traité *'Haguiga* du Talmud babylonien.

déjà libérés de tout, omnipotents, doués d'une autonomie narcissique totale : « Qui êtes-vous ? [...] Vous, accomplis si tôt [...] pollen de la divinité en fleur [...] et soudain vous voici, seuls, miroirs : votre propre beauté répandue, vous la repuisez pour la rendre à votre visage. » (IIe *Élégie de Duino*, trad. R. Biemel). L'analogie avec l'*Hérodiade* de Mallarmé est frappante : « Oui, c'est pour moi, pour moi que je fleuris, déserte !... » Rilke indique à son traducteur W. Hulewicz que c'est à l'Islam, plutôt qu'au ciel chrétien, qu'il a emprunté les figures angéliques des *Élégies de Duino*. Mais s'est-il jamais interrogé sur la nature cachée de ces brillants êtres surnaturels, telle que l'approfondit, bien avant le christianisme et Mahomet, la tradition talmudique reprise par la Kabbale et ses héritiers ? On peut en douter, car leur rôle effectif, dans la Bible hébraïque et ses commentaires juifs, est peut-être moins enviable que ne se l'imaginait le Rilke nostalgique des *Élégies de Duino*. Celui-ci fut trompé par une conception trop simpliste de leur essence et de leurs fonctions dans l'économie spirituelle de l'univers, ou dans son imaginaire personnel... « Qui donc, si je criais, me répondrait dans les ordres des anges ? [...] Ah, qui pourrait nous être secourable ? Ni les anges, ni les hommes... » (Ire *Élégie*). S'il demeure « insaisissable » au poète (VIIe *Élégie*), l'ange rilkéen est également inaccessible à la souffrance des créatures, qu'il traverse sans en être meurtri :

« Comme le vent du soir
   par les faux sur l'épaule des faucheurs,
doucement l'ange passe
   par le tranchant sans faute des douleurs ».

Le Dieu du Deutéronome (XXXII, 13) qui fait monter son peuple « sur les hauteurs du pays », « lui a donné à sucer le miel du rocher, l'huile qui sort du rocher le plus dur », révélant ainsi qu'au cœur de la plus grande rigueur jaillit la source de la charité et de la grâce. La roche granulée est trouée, le temps sévère de la « Parole des Jours » est comme réticulé, traversé de lacunes, sinon le miel ne pourrait s'agréger dans ses interstices. Dans la ruche elle-même, les alvéoles découpent et trouent la masse de la galette de cire, qui les constitue et les tapisse intérieurement. C'est grâce à ces cavités, à ces points de rupture dans la continuité de la matière opaque des rayons, que pourra réussir le va-et-vient industrieux des abeilles entre les fleurs à pollen et la ruche à miel. Nous retrouvons dans ces exemples la loi de l'alternance : entre la cire et le miel de la ruche, le calcaire et les noyaux de cristal des monts de Judée, la roche compacte et l'huile d'onction miraculeuse que le sourcier divin promet d'en faire couler.

Je sais qu'il existe une autre voie. Face au « petit reste » de Jacob demeuré obstinément loyal à la

Loi de Vie sans lui poser trop de conditions à travers les millénaires, peut-être faudra-t-il un jour dénombrer, même parmi nos scribes et nos docteurs, la tribu égarée des *Juifs d'Esaü.* C'est ainsi que je me suis amusé à la baptiser naguère, dans un mouvement d'humeur très irrévérencieux. Ces « fellow-travellers » juifs du désespoir moderne accompagnent nostalgiquement Edom dans sa longue marche à la mort. Souvent ils n'hésitent devant aucune surenchère pour lui ressembler, comme à un jumeau perdu et retrouvé sur le tard — le dépasser si possible dans l'art d'exprimer son beau souci, s'y complaire un peu, enfin... Le chemin funèbre du renoncement n'est pas devenu le mien, et ce n'est pas de cette manière que j'entends le texte hébreu au chapitre XXX du Deutéronome. Amertume et mélancolie sont à mes yeux des luxes que nous ne pouvons guère nous offrir ici-bas : il y a péril en la demeure, la situation est trop grave pour la prendre à ce point au sérieux. J'adhère donc toujours aux actes, aux choses, et aux paroles des jours. Je lis les Écrits bibliques dans cette lumière-là, plutôt qu'à la lueur du feu de joie de l'Apocalypse où quelques-uns célèbrent un peu précocement le triomphe du néant et de la mort.

La Tora, pour moi, n'est pas le rouleau dévasté, offert en holocauste dans un brûlement ultime, dont les vagues d'écriture flamboyantes se déroulent sans fin, avec les dunes de sable stériles, jusqu'au tréfonds du désert. L'arche d'alliance de la parole ne s'écroule pas comme une toiture incendiée sur les décombres de l'histoire juive antique et moderne. Dans le vieux parchemin calciné, les hautes lettres noires ne se recroquevillent pas, telles des griffes de cendres, sous la morsure de la braise, avant de s'évanouir définitivement en fumée, pour le seul plaisir d'yeux qui s'ennuient, au ciel vide de personne.

Fidèle à la pensée de Mallarmé (« [...] si la Beauté n'était la Mort [...] ») et de T.S. Eliot (« Chaque poème est une épitaphe [...] »), Edmond Jabès définit ainsi la condition humaine de l'écrivain : « Aller à la mort, faire sa mort comme on cherche, ailleurs, à faire sa vie, voilà, je crois, la tâche qu'il lui incombe d'accomplir dans le livre [...] O nuit, vaste tombeau d'oubli. Et ce n'est pas vulgaire coïncidence si l'on peut voir, au milieu des ombres, scintiller nos paroles refoulées pareilles à des épitaphes figées dans leur ordre éternel... La mort est complice de la création. La mort est le lieu absent où se tient, pour son accomplissement, le livre [1]. » Derrière les ombres qu'évoque ce texte clé d'une bouleversante tristesse, se profile nettement le fantôme rôdeur d'Esaü : « Je suis un marcheur vers la mort, et qu'est-ce donc, pour moi, le droit d'aînesse ? »

1. « Réponse à une lettre », in *Siècle à Mains*, n° 12, Compton Press, printemps 1970.

Aujourd'hui je préfère ne plus m'étendre sur cette autre approche, que j'ai longuement questionnée, jadis, dans *les Artistes de la faim* [1]. Cependant je reste conscient de son existence comme d'une menace perpétuelle : « Mais tu choisiras la vie, afin que tu vives. » Comme ne cessait de le clamer Rabbi Na'hman de Bratslav : « Ne soyez pas désespérés. Nul désespoir n'est à portée de main ? » Et pourtant, répète une chanson hassidique célèbre : « Le principal c'est d'être sans effroi, d'être sans effroi du tout ! »

Rilke devait sans doute hésiter entre les deux voies. Sa paralysie expliquerait alors le recours à l'invisible, l'évocation angoissée de l'ange à jamais en retrait, exilé comme le sont les étoiles, « dans l'inexprimable. » (IXe *Élégie*). Mais ne sont-ce pas là les faux-fuyants d'un être traqué, qui ne sait plus trop bien comment, après l'extase, sortir du piège de l'immanence fatale, lorsqu'il se sent confronté à l'autre face — destructrice — du « *Hiersein ist herrlich* » ?

A la fin de la Xe *Élégie*, suivant la pérégrination du mort vers la source de la joie et les monts de la douleur primitive, Rilke compare ce destin à celui des « chatons qui pendent aux branches d'un noisetier nu », ou à « la pluie qui tombe sur une terre obscure quand vient le printemps. — Et nous, qui pensons à un bonheur qui s'exalte, nous

___

1. Ed. Calmann-Lévy, 1960.

186

saurions le transport qui presque nous boule-
verse, lorsqu'une chose heureuse *tombe* ». Cette
éclosion du bonheur dans la chute, ce surgissement du paradis au cœur même du négatif, au
lieu de signifier l'effondrement final dans le non-
être, n'indiquent-ils pas la naissance et le cheminement d'un espoir dans le désespoir, un retournement paradoxal de la tristesse vers l'Eden, au
plus profond de l'ici-bas funèbre ?

XI

Molière l'a dit : de ce qui est vraiment important, nous savons presque tout sans l'avoir jamais appris, avant même d'y avoir songé sérieusement. Il suffisait d'appliquer son esprit avec ouverture et bienveillance aux énigmes muettes de ce monde. Si nous y réfléchissions posément, nous risquerions de les deviner trop vite, de les formuler une fois pour toutes, avec la fausse perfection logicienne caractéristique de l'idéal d'Esaü, alors qu'il fallait les laisser flotter, mûrir, s'oublier, se retrouver, se nouer et se dénouer mille fois. Laisser jouer en nous la poésie et la prose, la rigueur et la charité, qui agissent de concert, mais de manière différente, dans les royaumes jumeaux de la parole.

Comme dans la vie matérielle, une telle conduite provoque sur le plan de l'esprit une ambivalence dynamique. Elle suscite en nous un battement rythmique gratuit, encourage le projet d'avenir qui serait en même temps une danse, tout en demeurant l'acte lucide, grave et décisif, bien fait pour construire avec sagesse notre lendemain. Sachons cultiver à la fois la mesure et l'amusement. C'est à la faveur d'un libre tâtonnement que j'essaie de tisser le temps mouvant de ma vie. Sous la main du licier, la tapisserie surgit à la fois de la trame et de la chaîne : ce qui compte, c'est le va-et-vient joyeux de la navette.

Dans sa maturité difficile, Rilke tendait parfois à se prendre trop au sérieux : comme ses anges, justement ! Dans la tradition talmudique et rabbinique, — nous y revenons maintenant —, les anges n'ont jamais joui d'une très bonne réputation. L'inventeur du Golem, le Haut-Rabbi Loew ou Maharal de Prague, leur a fait au XVIᵉ siècle un procès sans merci. Souvenons-nous de la vision de Dieu dans le chapitre VI des prophéties d'Isaïe : « Des séraphins se tenaient debout au-dessus de lui ; ils avaient chacun six ailes : de deux ils se couvraient la face, de deux ils se couvraient les jambes, et de deux ils volaient. » S'ils dissimulaient les jambes et le bas-ventre, était-ce par pudeur ? Certainement non, ils n'avaient rien à cacher à cet endroit-là, étant asexués comme chacun sait. Alors, de quoi avaient-ils honte devant Dieu et le prophète Isaïe, qui les contemplait dans le temple de Jérusalem, « l'année de la mort du roi Ozias » ? Le commentaire traditionnel nous l'explique : les anges n'ont pas les pieds mobiles ! Voilà ce qui les différencie des hommes, et les leur rend fort inférieurs. Le pied articulé et adroit, c'est dans la Bible le

190

signe de la liberté d'orientation et de la rectitude
d'allure. Il permet à l'homme la pleine disposition de soi-même. Chacun de nous doit choisir
librement la direction que prendra son existence
individuelle à travers l'espace-temps du monde
créé. C'est parce qu'Adam est debout avec intelligence sur la plante de ses deux pieds que Satan
suggère au premier couple humain : « Vous serez
comme des dieux. » De là leur gloire, et bientôt
toutes les tentations de la terre... Mais les anges,
à la place des pieds, disent nos sages, n'ont que
des bâtons. Se déplaçant au sol sur des sortes
d'échasses, ils en éprouvent honte et dépit devant
nous, ces génies ailés transcendants, mais fonciè-
rement inintelligents, privés même du choix de
leurs allées et de leurs venues. « Qui est sourd,
sinon mon ange ? » dit le Seigneur (Isaïe XLII,
19). Ceux qui se tiennent devant le trône divin, les
Séraphins flamboyants, ou les Chérubins — les
« Proches » de la Présence —, mènent des existences d'automates au service de la volonté absolue de Dieu. Il presse un bouton, et le messager
s'élance : « Ange, fais ceci, ange, fais cela ! » Ils
partent comme l'éclair et reviennent prompte-
ment, leur tâche accomplie, avec une parfaite
docilité. Ce qui ne les empêche pas de se sentir
humiliés devant la liberté de choix relative des
fils d'Eve [1].

1. Sur l'angélologie juive à l'époque talmudique,
cf. W.S. Baron, *Histoire d'Israël*, PUF, 1957, vol. II, pp. 613-
616, 648-649, et les notes adjacentes.

Selon la tradition, l'archange Mikhaël (Saint Michel) est le gardien ou *Sar* d'Israël. Mais il ne remplit cette tâche ingrate qu'au moment où le peuple élu devient infidèle à sa mission, et viole la Tora divine. Alors sa fonction unique consiste à demander à haute voix : « *Mi-kha Ël ?* » — Qui est comme Dieu ? —, pour rappeler au peuple égaré par les idoles étrangères qu'il doit regarder vers l'Ailleurs, tourner de nouveau sa face vers Elohim... Son rôle épisodique se réduit donc à celui d'un simple panneau indicateur. Le reste de l'éternité, il s'emploie à gouverner le chaos qui demeure sous-jacent à la Création achevée, et menace toujours de refaire surface afin de la détruire. Le conflit cosmique le plus profond n'oppose pas tant le Bien au Mal, que la Création — demeurée précaire — au Chaos déjà résurgent. Mais quand Israël est fidèle, il n'a besoin d'aucun ange gardien : « *Eÿn mazal le-Israël* », nul astre du zodiaque, nulle fatalité ne régit alors sa libre destinée terrestre. Ce qui peut se traduire également, de manière plus inquiétante : « Point de chance pour Israël. »

Entre deux missions, nous certifient les docteurs de la Loi, les anges perdent jusqu'à leur existence propre. Dès qu'ils chôment, ils ne sont rien, il n'y a plus personne au lieu éblouissant qu'ils occupaient au cours de leur travail. Pour accéder fugitivement à l'être, ils dépendent donc tout à fait de leur fonction d'ambassadeurs ou de chambellans du Très-Haut. Simples esclaves du trône divin, exécutants aveugles des lois de la nature qu'ils représentent, les anges ont toujours été jaloux de l'homme, au point de s'opposer à sa Création au soir du sixième jour.

Selon une parabole talmudique célèbre, ils s'engagèrent dans une longue disputation avec l'Éternel, afin de le dissuader de réaliser ce projet regrettable[1]. Ils savent qu'Adam, contrairement à eux, sera un être qui marchera librement sur terre et imposera sa propre loi aux choses, après leur avoir donné à chacune son vrai nom. Comment affronter ce rival en perfections célestes, qui n'est pourtant qu'un simple mortel tiré de l'humus du sol ? Embarrassé par leurs arguments, Dieu ne réussit à se sortir de ce mauvais pas et à créer l'homme, (passant outre à leurs objections trop justifiées), qu'en leur mentant à moitié.

Il assure aux bons Anges du Service que les hommes posséderont toutes les vertus imaginables : ils aimeront la justice, ils recevront la Tora à bras ouverts — quelques-uns du moins, en attendant la conversion en masse de l'humanité future. Mais, dit le Midrache, le Seigneur se garde bien de révéler aux anges que les hommes

1. Voir *Contes du Talmud*, éd. J.-C. Lattès, 1980, pp. 122-123.

seront aussi injustes, idolâtres, méchants, assassins, pervers, infidèles. S'ils avaient entendu de sa bouche telle nouvelle, les Anges du Service n'auraient jamais permis que le Saint, béni soit-Il, créât cette engeance abominable. Par bonheur, aucun d'entre eux n'avait lu les bonnes feuilles du *Candide* de Voltaire. Alors, à demi trompés, ils s'inclinèrent en maugréant devant la volonté capricieuse du Créateur.

Mais depuis lors, ils ont eu le temps de découvrir le pot-aux-roses ; c'est pourquoi, du fond de leur jalousie native, les anges ne cessent de tendre des pièges aux fils d'Adam, avec l'espoir d'arriver tout de même à les détruire un jour ou l'autre. Selon l'enseignement du Maharal, ils cherchent toujours à provoquer, par un juste châtiment, la ruine générale de l'humanité. Entre-temps, ils excitent contre nous toutes les puissances cachées d'en haut ou d'en bas. A considérer ce qui se passe autour de nous actuellement, on peut croire qu'ils y parviendront sans trop de peine. Les Anges du Service ne sont donc pas si gentils qu'on le prétend. Il est vrai que leur destin n'est pas enviable non plus... On comprend que Lucifer en ait eu assez, à la fin, et qu'il se soit révolté contre sa condition de « marionnette du ciel ». Il avait le regard trop clair, trop lucide pour un simple ange, fût-il le plus beau d'entre eux !

Doué d'une conscience de soi et d'une perspicacité excessives, qui ne sont pas sans évoquer celles d'Israël, Lucifer a compris un peu trop vite son destin d'automate divin. Sans disposer de beaux pieds articulés comme en ont les hommes, où aller, comment revenir, que désirer, pourquoi être ? Il a tenté sa révolution d'aristocrate-né contre la condition prolétarienne humiliante des anges. C'était pour recouvrer la libre disposition de son corps resplendissant de lumière originelle, et s'assurer enfin la maîtrise de son sort. On connaît la suite de l'aventure. Voilà pourquoi, dans les affaires humaines, il vaut mieux laisser les anges hors jeu. Quitte à lutter avec eux d'abord, comme j'ai tenté de le faire à vingt ans, pour vaincre — tel Jacob au gué de Phanuel — l'Esprit d'Esaü et le refouler loin de la Terre promise à notre avenir humain[1]. Les sages enseignent en effet que l'adversaire rencontré par Jacob cette nuit-là dans l'épreuve sans merci n'était autre que l'ange gardien de son frère ennemi : Samaël, le génie malfaisant d'Esaü. Pour devenir enfin Israël, Jacob a su tenir en échec jusqu'à la montée de l'aurore Samaël l'Exterminateur, puissant dispensateur des drogues mortelles, exécuteur habituel des hautes œuvres du tribunal d'En-Haut.

---

1. Cf. « La lutte avec l'Ange », in *le Soleil sous la mer*, Flammarion, 1972, pp. 29-113.

Remarquons que le Talmud, aussi bien que le *Zohar*, sont rédigés largement en araméen, plutôt qu'en hébreu. Déjà le premier Adam parlait l'araméen (*Sanhédrin*, 38 b). Pourquoi cette anomalie ? Le Maharal de Prague nous l'explique clairement dans son *Chemin de Vie* [1] : par droit de naissance, les anges possèdent l'hébreu, langue originelle des régions célestes, dans laquelle cet univers fut tout entier créé. Tout le monde sait que le poète suprême s'exprime seulement en hébreu. Le Seigneur en est bien conscient lui-même, sinon nous n'aurions pas reçu de sa bouche l'enseignement biblique fondamental : « *Ani YHWH* — Je suis YHWH ton Dieu qui t'ai fait sortir du pays d'Egypte, de la maison d'esclavage. » Quand il parle à la multitude juive au Sinaï, il dit cela en hébreu et non pas en provençal ; quelques interdits alimentaires concernant le lard dans la choucroute sont peut-être tombés alors de ses lèvres en judéo-alsacien. Mais cela demanderait vérification, et je ne puis jurer de rien. Ce qui est sûr, c'est qu'il a prononcé les puissantes paroles de la création du monde et du décalogue en hébreu pur. Le Pentateuque, les anges le comprennent d'un bout à l'autre. Aussi savent-ils d'avance que la Tora ne sera jamais mise vraiment en pratique dans sa totalité par Israël. Le peuple élu péchera, faillira, se rebel-

---

1. Cf. *Derekh-'Haïm*, 5e partie, éditions Yahadouth, Bné-Brak et Jérusalem, 5731, pp. 276-277.

196

lera mille fois. Voilà autant d'arguments dans la bouche des anges pour exiger un châtiment exemplaire et, si possible, la destruction des hommes déclarés indignes de vivre, puisque dépourvus de tout mérite dans l'existence.

Mais le Talmud, lui, est rédigé en araméen, ainsi que les deux Targoums, ces traductions classiques de la Bible faites par Onqelos et Jonathan ben Uziel à l'usage de la Dispersion d'Orient. Le Talmud est compilé en araméen, parce qu'il traite des affaires privées entre Dieu et la famille d'Abraham l'émigrant. Celle-ci est toujours en train de sortir d'Ur en Chaldée, en traversant pour ne plus jamais y revenir les innombrables pays d'Aram. Par les millénaires d'exil, elle est encore en route vers la terre de la promesse qui s'élude... A ces histoires-là, qui concernent l'avenir et la rédemption de l'espèce humaine, les anges ne comprennent strictement rien : ils n'entendent pas l'araméen, langue à la fois roturière et secrète des dispersions terrestres, prototype transcendantal de tous les jargons juifs qui se succéderont aux lieux de nos errances à venir.

Selon Judah Halévi, l'auteur du *Kouzari*, l'identité hébraïque originelle de Shem et d'Héber s'est occultée ou enjuivée en Aram, lieu de l'exil premier.

L'araméen, dit Léon Ashkénazi, demeure l'idiome familial que parle Israël quand il n'est pas encore Israël, mais qu'il marche avec Abraham vers le monde à venir sur les grandes routes étrangères, en quête de sa propre identité, celle qui conduira le Juif Errant dans la Terre jurée aux patriarches, jusqu'à la montagne de Sion qui veille sur Jérusalem. Au cours de l'interminable voyage, il s'exprime en araméen prosaïque, comme l'ont fait tous les prosélytes errants, et d'abord Abraham lui-même, le premier « séjournant » converti à la foi en Dieu Un. L'hébreu de la poésie reste alors longtemps souterrain, comme masqué par l'exil. Le Talmud araméen rattache donc à ras de terre le Saint, béni soit-il, à cet « Israël en devenir » qu'était alors le petit clan familial d'Abraham. Né idolâtre à Ur en Chaldée, il engendrera peu à peu le peuple juif universel et singulier, à travers toutes les pérégrinations qui conduiront Jacob l'Hébreu vers le pays d'Israël encore à naître.

Complice des hommes en quête du salut, le Talmud ne lie pas seulement le peuple errant à son Dieu, mais aussi, très prosaïquement, les Juifs diasporiques les uns aux autres. Cependant les anges — si prompts à juger et à condamner les faiblesses humaines — n'entendent rien à ce grimoire. Ils demeurent désarmés devant son idiome incompréhensible où s'élabore, dès ici-bas, le monde à venir. Telle est l'astucieuse et profonde stratégie inventée par le peuple juif lorsqu'il déroule dans les traités du Talmud l'histoire de ses exils, pour échapper à la vindicte jalouse des anges. Ceux-ci sont, certes, assoiffés de vérité et de justice, mais privés de la charité qui ne vient que du Nom imprononçable seul !

Avec Dieu omniscient, on peut s'arranger même en araméen, comme avec son père ou sa mère. Avec les anges et les hommes, non. La rivalité jouant partout, ils ne se sont montrés que trop empressés, dans la suite des temps, de faire un rapport calomnieux sur les enfants d'Israël, changés en boucs émissaires et chargés de tous les péchés du monde : les annales des royaumes de la terre sont pleines de leurs accusations. Or, dans le Talmud on discute de questions qui concernent la Société judaïque saisie dans son intimité vivante, quand elle parle, comme Monsieur Jourdain, sa prose de tous les jours. L'araméen presque sténographié dans lequel il est en grande partie rédigé — jusqu'à certains passages du Traité des Pères — a donc pour objet principal de couper leur mauvaise langue aux anges.

Dans le Talmud, on lave son linge sale en famille : voilà autant de secrets compromettants que ces saintes créatures n'iront pas rapporter à Satan, l'accusateur public du tribunal d'En-Haut... De quoi s'agit-il surtout dans le Talmud ? Du réel, du quotidien, du trop humain ; bref, de notre histoire terrestre régie tant bien que mal

par la Tora, dont l'enjeu est le monde futur :
« Selon la peine, ainsi le salaire. [1] »

Par décret divin, les anges ignorent l'araméen, afin qu'ils ne comprennent rien à l'histoire (juive) de la rédemption du monde. L'absolu inscrit dans la Tora, poétiquement lié à l'hébreu, « langue de sainteté », ils le saisissent de naissance. Mais le sens relatif de l'existence humaine, coulé dans ce prodigieux yiddish de Babylonie qu'est l'araméen talmudique, paraît obscur comme du volapük aux yeux limpides des anges. Cet idiome-là leur échappe par nature, dans lequel se dit l'histoire effroyable et pécheresse du monde qui tâtonne sur la voie douteuse du salut. Mais tout cela n'était vrai que pour les millénaires de l'exil juif. Dans notre propre génération quelque chose d'essentiel a bougé ; pour Jacob le monde a tourné sur son axe caché.

Si maintenant, en terre judéenne, le peuple d'Israël rassemblé recommence à ne parler que l'hébreu prophétique ressuscité des catacombes de l'histoire, inversement l'araméen exilique et, de nos jours, le yiddish d'Europe orientale et le latino-méditerranéen se muent en langues oubliées, ensevelies en même temps que les cycles de vie diasporique périmés. La convergence de ces phénomènes linguistiques étranges ne peut signifier qu'une seule chose : on approche

---

1. *Traité des Pères*, V, 26.

vraiment de la fin de l'ère des exils d'Israël. L'histoire juive de l'humanité ne s'écrit plus désormais en « araméen », mais en hébreu, la langue par excellence de la création, c'est-à-dire de la poésie. Comme aux temps cosmiques de la Genèse, avant et après les pérégrinations du clan d'Abraham, les anges comprennent de nouveau tout ce qui se passe ici-bas. Il leur suffit, pour ce faire, de lire les journaux du matin en Israël. Leur surprise sera de taille, et l'expérience non dépourvue de risques, s'ils saisissent vraiment ce dont il s'agit dans ces quotidiens-là ! Ce sera la plus grande blague juive qu'on ait inventée depuis la sortie d'Egypte...

Quand les anges, ces champions de l'hébreu, se mêleront des histoires des hommes et du Ciel, des querelles des juifs d'Israël entre eux et avec leur Dieu, lorsqu'ils iront par exemple écouter certains débats à la Knesseth sur les conflits religieux ou archéologiques qui font rage dans le pays, seul l'Éternel sait ce qu'il en sortira... Pour éloigner de nous les anges scandalisés, peut-être n'aurons-nous d'autre recours que de nous remettre comme Adam et Ève à parler l'araméen ? Enfin, d'ici là, il faudrait encore quelques bons miracles.

Juifs et Gentils rassemblés, la diaspora mondiale d'Adam à l'unisson apprendra un jour l'hébreu, selon la vision du prophète Amos (VIII, 11-12) : « Voici, des jours viennent, parole d'Adonaï YHWH, où j'enverrai la famine dans le pays, non pas la disette du pain et la soif de l'eau, mais la faim et la soif d'entendre les paroles de YHWH. Ils erreront d'une mer jusqu'à l'autre et du nord jusqu'à l'orient, ils iront çà et là pour demander la parole de YHWH et ils ne la trouveront pas » — sauf évidemment dans le message original hébreu. Alors l'univers humain deviendra transparent comme un poème en cristal de roche, et les anges pénétreront tous nos actes, toutes nos pensées.

Mais si les hommes du monde entier comprennent enfin l'hébreu, si un beau jour ils renaissent poètes et prophètes, tous greffés sur le vieil olivier franc d'Israël, peu leur chaut que les anges le sachent aussi ! Ils ne sont après tout que les gymnastes volants du ciel, ces délateurs jurés du mal terrestre. La familiarité des anges avec l'hébreu devient dangereuse seulement lorsque les hommes, pervertis par Samaël, le mauvais ange d'Esaü, ne font pas la volonté de Celui qui, à travers la Bible, leur parlait la langue natale du Royaume.

C'est donc pour contrecarrer l'Esprit d'Esaü porteur de notre mort, que j'ai tenté de faire avancer la cause de l'Esprit de Sédition et de Vie du langage hébreu renaissant parmi nous. A un autre niveau d'interprétation, mes remarques peuvent être lues simplement comme l'amorce d'une réflexion indépendante sur les rapports de la prose et de la poésie en Occident. Elles ne prétendent pas inventer des procédés littéraires inédits, mais ébaucher au-delà du domaine de la technique une conception différente affectant la nature, la structure, le mode d'opération d'une parole vivante, enfin rendue à sa plénitude et à sa spontanéité.

Comme l'a vu Kafka (*Journal*, 17-25 octobre 1921 ; 18-19 janvier 1922), seul l'orgueil démentiel de l'homme occidental — avec son revers honteux : une peur de vivre longtemps inavouée [1] — sut lui imposer le divorce entre la grâce et la rigueur, la prose et le poème. L'humilité, au contraire — dont l'autre face est la confiance gratuite, « le courage de vivre et de recommencer » — rapproche, dans le livre de notre existence, l'horizon prosaïque fuyant de la « parole des jours » et le jaillissement vertical du poème. Unis et réconciliés, ceux-ci manifesteront dans des proportions inverses, selon l'ordre de primauté nécessaire en chacun, la dominance relative de la charité et de la loi.

La souplesse d'une organisation réversible, (dans l'espace comme dans la durée), des deux

1. Cf. *Les Artistes de la faim, op. cit.*, pp. 218-229).

éléments constitutifs du livre à venir conçu dans cette perspective nouvelle, offre à l'écrivain de demain un pouvoir évident de novation formelle. Elle ouvre devant lui un champ illimité où exercer l'invention thématique. La richesse des connexions ainsi suggérées appelle la conscience créatrice à des variations innombrables, car elle donne libre cours à notre imagination en quête de figures originales et de sonorités inouïes.

Lorsque alterneront la flamme et le torrent dans la Sainte Écriture Profane à venir, commencera aussi le temps de la guérison pour notre cœur trop longtemps déchiré. En lui s'épouseront enfin l'extase et l'errance... Bétsalël, celui qui s'accomplit « dans l'ombre de Dieu », fut le maître d'œuvre de la Tente du Rendez-vous au désert du Sinaï. Prototype biblique de l'artiste créateur, il devait faire preuve de la qualité humaine la plus rare : être *'hakham-lev* [1], posséder, dans son unité intérieure et sans faille, l' « intelligence du cœur ».

Les œuvres d'art achevées — tel le *concerto pour piano en mi bémol majeur* de Mozart — sont les moments exemplaires, isolés dans l'espace-temps matériel du monde, où Dieu a déjà réussi, de manière discontinue et fragmentaire, la Création imparfaite à laquelle il travaille sans relâche, jusqu'à ce jour même...

---

1. Exode XXXVI, 1.

XII

Je n'ai jamais envisagé la fabrication d'une œuvre à partir de sa fin, ni considéré ma création comme achevable. A la production systématique et concertée, dont la belle continuité serait fondée sur un coup d'œil rétrospectif, qui revient, dans sa vision panoramique, de l'horizon dernier au lieu et au moment fugitifs de mon faire actuel, je substitue obstinément ma création problématique et discontinue, fille de la rupture angoissante — celle qui se renouvelle maintenant à partir du néant incandescent, et choisit de s'enraciner dans un ici précaire autant que risqué. D'une guerre à l'autre, d'errance en errance, chaque jour m'a talonné la peur affolante de ne pouvoir tenir jusqu'à la fin.

Toujours en état de crise, j'émerge de la mer Rouge de mes années lorsque ses eaux sanglantes montent jusqu'à l'âme, entre les murailles des vagues qui menacent de s'écrouler aujourd'hui sur moi, presque englouti déjà dans l'horreur horizontale de la marée haute qui m'aspire de ses mille tentacules de pieuvre comme une prose déferlante... Après l'esclavage muet en Égypte, me voilà soudain pris dans l'étau des flots étrangers qui tournoient, j'affronte la terreur noire de la fin par asphyxie dans la profondeur aveugle des sables.

Je m'y arrache d'un seul bond, dressé dans la verticalité d'un cri, ressort du désir de vivre qui se détend, éclair inverse escaladant le ciel comme la spirale saccadée du poème. Non, ce n'est pas la fin que je craignais vraiment, mais l'interruption hâtive du souffle qui parle, avant les vendanges de l'arrière-saison. J'échappe à l'ensevelissement prématuré, dont la hantise m'étouffe, par un *salto mortale* dans l'œil aveuglant du vide.

Dès que mon existence engluée dans l'ennui des jours, bute sur l'obstacle de la répétition planté au cœur de notre durée mécanique et grise, je réponds à la boue qui m'enlise par l'envol tourbillonnant jusqu'au foyer d'extase. Terrifié, mais déjà *in excelsis !* je m'engouffre dans le noyau igné de mon être, là où pulse encore pour moi le feu d'un commencement futur. « Pour l'homme aussi, écrivait G. Bachelard, il y a des chemins qui montent au ciel. » Ainsi chaque mot, chaque phrase, chaque jour est un nouveau départ : j'obéis à cette dure mais joyeuse sentence.

L'éblouissant passage à vide, au nœud noir de la géode, laisse de la grande peur jaillir encore vers moi la clarté cachée du premier matin du monde. Je reviens au lieu inaugural, au foyer fondateur d'un autre lendemain.

Les Sages talmudiques enseignent : dans la lecture de la Tora, « il n'existe ni avant, ni après ». Espace et temps y sont réversibles ; les hommes, les événements, les places et les moments simultanés s'y répondent partout, comme orientés et aimantés par leurs différences mêmes. Dans l'interstice douloureux se glisse, comme un couteau, l'éclat de miroir brisé de l'âme écartelée entre le torrent et la flamme. Au foyer des lentilles ardentes où gîte le rien, entre la prose et le poème, mon souffle se creuse comme une brûlure : le germe de braise dont sortira le chant fore ses voyelles à travers mes longues nuits vacantes. Il fait son travail de sape dans le roc fissuré par la foudre.

Certes, « les dents ont froid quand elles ont perdu leurs lèvres ». Brièvement vaincu l'effroi d'être seul avec rien, j'échappe à l'écartèlement quotidien entre les deux axes contraires de mon corps en me livrant à l'alternance de la reptation et du vol. Tantôt oiseau, tantôt serpent, je me retourne au centre de ma spirale pour rebondir par-dessus le défilé fatal de mes mots, rompant le carcan des phrases mortes qui m'étranglent. Mes éclairs me soulèvent au-dessus des eaux stagnantes de ce temps.

Comme des points de repère qui éclatent là-haut en fulgurant, l'extase sera soutenue d'instants en instants par le fleuve de mon voyage. Ses orages dessineront peu à peu dans le vent la courbure totale du monde. J'aurai alors perdu, avec la peur, le goût douceâtre et familier de la mort. La déhiscence du ciel faisant écho à mon propre déhanchement, nous voici tous deux condamnés à la même boiterie, ligotés l'un à l'autre par notre écart intime et sans fin. Je deviens l'intersection vive entre la hauteur plongeante des étoiles et l'éloignement indécis de nos jours brumeux sur la terre. De toute éternité la claudication de Jacob m'est familière, qui émerge vainqueur du combat et repasse le gué lorsque point l'aurore sur Phanuel : après tout, moi aussi je m'appelle Claude ! Ni héritier ni père de moi-même, incorrigible débutant dans la vie, je ne me saisis qu'en rupture de crucifixion, déchiré entre l'élan du commencement qui refait sans cesse surface en moi, et l'ondulation patiente des anciennes années, mûrissant jusqu'à en mourir sous l'horizon nocturne... Peut-être mon travail obstiné sur terre n'aura-t-il été poursuivi que pour rejoindre

Le mont du givre inaccessible
au profil acéré d'éclair

Taillé au cœur intact du domaine du père,
là où est situé
le vrai pays dont rêve la poussière du monde,
quand elle se souvient, le soir, dans le désert,
des nébuleuses vertes où grondait la tendresse
comme le chant secret du temps dans la rivière
qui émergea première — jadis mais pas encore —
du trou profond du crâne, du ventre originel.

.

Épilogue :

UNE LIGNE DE VIE

A travers la plupart de mes livres, j'ai tenté d'entraîner autrui dans un vagabondage familier, tantôt grave et tantôt rieur, sur les sentiers actuels du temps où, comme sur la paume d'une main, se dessine ma ligne de vie. Dans cette ligne unique restent inscrites les traces d'un triple parcours : l'itinéraire spatial, qui m'a mené d'Europe occidentale en Amérique du Nord puis à Jérusalem, s'est doublé d'un mouvement intérieur. Et ce cheminement profond s'est creusé à son tour dans le champ ouvert du langage. Là il est devenu le bien et le lieu d'autrui, attentif ou indifférent : tissu de lignes écrites, texte publié du livre, l'œuvre signée est l'ultime avatar d'une voix presque anonyme déjà.

Pour moi écrire, la parole écrite, c'est avant tout la *parole*, beaucoup plus que l'écrit. L'écrit cache la parole, et il révèle la parole. Celle-ci, à mes yeux, n'est pas seulement l'articulation orale restreinte, ce qui est moulu comme les grains de blé au fond de la gorge. Ce ne sont pas simplement les mots fabriqués dans le gosier, c'est aussi la respiration, grâce à laquelle la mouture verbale peut se faire. Avant de l'amener au moulin, il faut libérer le froment sur l'aire de battage qu'est en nous la respiration du corps, le souffle dans les poumons d'un être humain ; et ce souffle est celui du vouloir-vivre en ce monde. Donc pour moi, de la vie à la parole, de la parole à la vie et à l'écrit, il y a un va-et-vient constant. Je veux dire par là que l'écrit, la parole qui se donne à voix haute, le souffle du corps animé, sont une seule et même manifestation de la vie jaillissant dans le temps. Je n'entends pas affirmer ainsi que l'œuvre littéraire se confond avec la biographie, au sens habituel de ce terme en Occident. Mais avec quelque chose de plus immédiat que la biographie, avec le surgissement de notre conscience incarnée dans l'instant présent.

Nous croyons vivre dans l'espace de manière stable, durable : en réalité notre être fait irruption dans l'espace à chaque instant, et essaie de persévérer là-dedans. Ce que nous appelons durer, c'est une bataille incessante, la lutte avec l'ange de l'espace. Ce n'est pas en vain que le fameux ange, dans l'épisode biblique du combat de Jacob avec l'ange, est identifié par la tradition talmudique à l'Esprit d'Esaü, l'homme coureur des bois et des champs, le frère chasseur et tueur, le jumeau spatial de Jacob, qui était, lui, retrait pacifiquement sous la tente maternelle. Ainsi, *l'ange, c'est l'espace.* Nous ne pouvons pas nous dégager de cet espace qui nous étreint, nous guette de tous les côtés. Mais nous ne saurions davantage *être* dans l'espace, y devenir vraiment humains, fils de Jacob... Et si, malgré tout, nous tentons d'être pleinement nous-mêmes dans l'espace, à l'exemple des nations terrestres, si nous devenons carrément de l'espace, alors nous nous condamnons à mourir, nous nous figeons dans le décor universel, nous nous transformons en objets — *'Halal,* l'espace vacant, et le cadavre profané de la victime, sont synonymes en hébreu. A ce moment précis de l'évolution littéraire, la parole devient de l'écrit — c'est-à-dire un signe funéraire, une épitaphe, comme l'a pensé T.S. Eliot. La lettre est un adieu !

Mais la vie en moi aspire au mouvement inverse : s'arracher aux inscriptions funéraires, tenter toujours une sortie, refaire désespérément de la parole écrite une parole qui se dit. Remplacer cette existence spatialisée, ou plutôt ce lent mourir minéralisé, par une évasion dans la parole, le son, *le cri et le bond,* la métamorphose sans cesse recommencée de l'écrit localisé, clos, fini, en une apparition charnelle, une voix surgissante, l'aventure d'un matin nouveau. « Je me

ferai devenir qui je me ferai devenir » : ainsi se
définit la voix vive qui brûle en paroles sans se
consumer jamais, répondant à Moïse dans le
face-à-face, hors des flammes du Buisson Ardent.

C'est dans cet esprit-là, aussi, que je tente de
comprendre ma propre démarche, ce que j'essaie
de faire en vivant, en écrivant : m'arracher à
l'univers englobant de l'espace, et pourtant le
traverser sans arrêt, car nous ne pouvons pas
nous soustraire à lui. Donc : faire de l'espace contraignant un lieu de surgissement et de disparition, un tremplin pour entrer et sortir sans trêve
du monde immédiat. Qu'arrive-t-il, quand on vit ?
« Rien n'arrive, sinon : être présent au monde. »

Mais que veut dire : être présent au monde ?
Arriver et partir. Être présent au monde, c'est
aussi être absent du monde, éclipsé par le livre,
souvent incarcéré dans l'exil de l'écrit. De cette
manière, chez moi, l'expérience personnelle s'est
très vite changée en une aventure de la parole.
Dans l'alternance présence-absence, la difficile
réalité de mon existence terrestre s'est à la fois
durcie et détendue, allégée, dans la vérité cristal-
line de la poésie.

214

A la limite rêvée, l'art et la vie, l'écriture et la voix convergent. Alors « poésie est vérité », comme le voulait Goethe — mais le temps d'un éclair seulement, à la fine pointe du désir. Cet espoir insensé n'a pourtant cessé de me porter, depuis les jours lointains de mon enfance en Alsace : j'ai subi à la fois l'influence de Sessenheim où le jeune Wolfgang séduisit Frédérique, la fille du pasteur Brion, et celle du Cantique « qui est à Salomon », et qu'il chanta à « Sa petite sœur », la seule bien-aimée, dans les jardins du roi, à Jérusalem.

Jérusalem, été-hiver 1981.

NOTE BIBLIOGRAHIQUE

Concernant les rapports des anges avec les hommes, avec l'hébreu et l'araméen, consulter les ouvrages suivants :

R. Na'hman de Bratslav, *Liquoutéi Moharan*, Tanina, IIe partie, op. cit., pp. 1-2.
Sefer-Hatanya, Vol. I, chap. 39, trad. française, pp. 244-245, éd. Merkos l'Inyonéi Chinuch, 2 éd., Paris, 1979 ; *id.*, IVe partie, XX, pp. 208-241, en particulier la note 31, pp. 213-215, même éditeur, Paris, 1980.
Le *Zohar* (I), trad. Charles Mopsick, éd. Verdier, 1981, 88 a et 88 b, pp. 443-445.

COLLECTION « FIGURES »
dirigée par Bernard-Henri Lévy

Jean-Paul Aron et Roger Kempf, *le Pénis et la démoralisation de l'Occident.*

Jean-Marie Benoist, *la Révolution structurale.*

Claudie et Jacques Broyelle, *Apocalypse Mao.*

Claudie et Jacques Broyelle, *les Illusions retrouvées.*

François Châtelet, Jacques Derrida, Michel Foucault, Jean-François Lyotard, Michel Serres, *Politiques de la Philosophie* (textes réunis par Dominique Grisoni).

Catherine Clément, *Les fils de Freud sont fatigués.*

Catherine Clément, *l'Opéra ou la défaite des femmes.*

Catherine Clément, *Vies et légendes de Jacques Lacan.*

Annie Cohen-Solal, *Paul Nizan, communiste impossible.*

Christian Delacampagne, *Antipsychiatrie. Les voies du sacré.*

Galvano Della Volpe, *Rousseau et Marx.*

Jean-Toussaint Desanti, *Un destin philosophique.*

Laurent Dispot, *La Machine à terreur.*

Jean-Paul Dollé, *Voie d'accès au plaisir.*

Jean-Paul Dollé, *l'Odeur de la France.*

Jean-Paul Dollé, *Danser maintenant.*

Michel Guérin, *Nietzsche. Socrate héroïque.*

Michel Guérin, *Lettres à Wolf ou la répétition.*

Heidegger et la question de Dieu (sous la direction de R. Kearney et J.S. O'Leary).

L'Identité, séminaire dirigé par Claude Lévi-Strauss, 1974-1975.

Christian Jambet, *Apologie de Platon.*

Christian Jambet et Guy Lardreau, *le Monde*.
Guy Lardreau, *la Mort de Joseph Staline*.
Michel Le Bris, *l'Homme aux semelles de vent*.
Michel Le Bris, *le Paradis perdu*.
Dominique Lecourt, *Bachelard. Le jour et la nuit*.
Bernard-Henry Lévy, *la Barberie à visage humain*.
Bernard-Henry Lévy, *le Testament de Dieu*.
Jean-Luc Marion, *l'Idole et la Distance*.
Anne Martin-Fugier, *la Place des bonnes*.
Philippe Nemo, *l'Homme structural*.
Philippe Nemo, *Job et l'excès du mal*.
Pasolini, Séminaire dirigé par Maria Antonietta Macciocchi.
Françoise Paul-Lévy, *Karl Marx, histoire d'un bourgeois allemand*.
Philippe Roger, *Sade. La Philosophie dans le pressoir*.
Guy Scarpetta, *Brecht ou le soldat mort*.
Guy Scarpetta, *Eloge du cosmopolitisme*.
Michel Serres, *Zola. Feux et signaux de brume*.
Bernard Sichère, *Merleau-Ponty ou le corps de la philosophie*.
Alexandre Soljénitsyne, *l'Erreur de l'Occident*.
Philippe Soller, *Vision à New York*.
Gilles Susong, *la Politique d'Orphée*.
Armando Verdiglione, *la Dissidence freudienne*.
Armando Verdiglione, *Fondations de la psychanalyse. 1. Dieu*.
Giambattista Vico, *Vie de Giambattista Vico écrite par lui-même*.